VERTEIDIGUNG DES DEUTSCHEN KOLONIALISMUS

Bruce Gilley

VERTEIDIGUNG DES DEUTSCHEN KOLONIALISMUS

Aus dem Englischen von
Richard Abelson

Edition Sonderwege

INHALT

Kapitel 1
Der deutsche Kolonialismus vor Gericht

Im Jahr 2019 errichteten antikoloniale Aktivisten vor dem ehemaligen Reichskolonialamt in Berlin eine Gedenktafel zu Ehren des Kameruners Martin Dibobe. Dibobe war 1896 im Alter von 20 Jahren aus Kamerun aufgebrochen, um bei einer Berliner Gewerbeausstellung die deutsche Kolonie Kamerun zu vertreten. Weil er sah, dass das Leben in Deutschland besser war als in Afrika, beschloss er zu bleiben. Man bot ihm eine Anstellung bei der Berliner Eisenbahn an, wo er sich zum Zugführer Erster Klasse hocharbeitete und zu einer lokalen Berühmtheit wurde.

Im Mai 1919, kurz bevor Deutschland durch den Versailler Vertrag all seine Kolonien verlieren sollte, schrieb eben dieser Dibobe einen Brief an den letzten deutschen Kolonialminister Johannes Bell.

Wenn man den Wortlaut des Schreibens im Internet sucht, erhält man Zusammenfassungen von der *Deutschen Welle,* der Zeitung *Neues Deutschland* und von *Amnesty International,* die Dibobe allesamt eine antikoloniale, emanzipatorische Aussage andichten: »Einhundert Jahre ist es her, dass sich der aus Douala (heutiges Kamerun) stammende Martin Quane a Dibobe im Sommer 1919 vor dem Hintergrund der Versailler Friedensverhandlungen an den Reichskolonialminister Johannes Bell wandte, um gegen die systematische Verletzung der Menschenrechte zu protestieren«, so die sozialistische Tageszeitung *Neues Deutschland.*[1]

1 Vanessa Fischer, »Dem Widerstand gewidmet: Gedenktafel in Mitte erinnert künftig an Dibobe-Petition gegen deutschen Kolonialismus«, *Neues Deutschland,* 23.07.2019.

Der Originalbrief von Martin Dibobe ist jedoch im Netz kaum aufzufinden. Unsere Originalquelle, gefunden auf *blackcentraleurope.com,* ist inzwischen von der Webseite verschwunden. Kein Wunder, denn das, was Martin Dibobe wirklich geschrieben hat, passt so gar nicht in das kolonialkritische Narrativ. Es ist vielmehr ein flammender Appell für den Verbleib der Kolonien beim Deutschen Reich, von dem die Afrikaner »als Menschen anerkannt worden sind«:

Ew. Exzellenz!

Gegen den Raub der Kolonien, sowie Unterstellungen derselben unter Herrschaft der Engländer und Franzosen erheben die hier lebenden Eingeborenen aus Kamerun sowie Ostafrika den schärfsten Protest.

Trotz aller Schwierigkeiten, in welcher sich die Eingeborenen unter fremder Herrschaft befinden, klammern sie sich mit aller Energie und fester Überzeugung an Deutschland. Der einzige Wunsch der Eingebornen war, deutsch zu bleiben, weil die Sozialen im Reichstag ihre Interessen vertreten haben und die Eingebornen von der ehem. kaiserlichen Regierung als Menschen anerkannt worden sind. Es wäre töricht und politischer Selbstmord, da die Revolution und Umwälzung stattgefunden hat und wir heute eine soziale Regierung haben, sich einer anderen Nation unterzuordnen. Die Eingeborenen können sich kein besseres Los wünschen, wie ihnen die Revolution gebracht hat… Wir versicherten der Regierung erneut unsere ganze Hingabe ebenso unsere unverbrüchliche, feste Treue hier, sowohl auch der Eingeborenen in der Heimat; und richten an Ew. Exzellenz die dringliche Bitte dahin zu wirken, daß die Kolonien unter keinen

Umständen der Willkür der Engländer und Franzosen ausgeliefert werden… Mit diesem Protest versichern wir der Regierung nochmals, nur deutsch bleiben zu wollen; denn der Herr General von Lettow-Vorbeck hat sich ja auch von der Anhänglichkeit und Treue der Eingebornen überzeugt.

Mit vorzüglicher, ergebenster Hochachtung
Martin Dibobe
Zugfahrer Kl. I
Danziger Str. 98 v. II.[2]

Im folgenden Monat schrieben Dibobe und 17 weitere Afrikaner aus den deutschen Kolonien einen Brief mit angefügter 32-Punkte-Petition an die deutsche Regierung, in dem sie zu größeren Anstrengungen aufrufen, die deutschen Kolonien in Afrika zu behalten.[3]

Eingabe der in Deutschland lebenden Afrikaner an die Nationalversammlung

Berlin, den 19. Juni 1919

An die Nationalversammlung zu Weimar.

Wir Unterzeichneter, als berufener Vertreter der Duala Leute aus Kamerun, erlaubt sich der deutschen sozialen Republik vor Abschluß des Friedensvertrages auf Folgendes hinzuweisen:

Als Sohn des Unterhäuptling Dewids Jost (Dibobe) seit dem Jhr. 1896 zu Berlin, erhebte sich mit sämtlichen unter-

2 https://web.archive.org/web/20200101090448/https://blackcentraleurope.com/sources/1914-1945/petitions-to-german-authorities-1919/.

3 Mehr zu diesem Punkt bei Bruce Gilley, »Contributions of Western Colonialism to Human Flourishing: A Summary of Research«, researchgate.net (Version 2.0, 2019).

zeichneten Landsleuten den schärfsten Protest gegen die Vergewaltigung der Kolonien.

Wir erklären der wohllöblichen deutschen Regierung mit sämtlichen Häuptlingen in Kamerun, daß der Vertrag vom Jhr. 1884 anerkannt wird, welcher uns unsere Selbständigkeit gewährleistet.

Wir akzeptieren unter Vorbehalt, daß die Wünsche der Afrikaner nicht ungehört und unerfüllt bleiben, ebenso setzen wir in die jetzige soziale Republik das Vertrauen, daß die Behandlung der Eingeborenen eine andere und bessere ist, als unter der gewesenen kaiserl. Regierung. Wir geloben der sozialen Republik unverbrüchliche Treue und werden Alles daransetzen, wenn der Vertrag von 1884 von der deutschen Regierung erfüllt wird, mit dem neuen deutschen Reiche in gutem Einvernehmen zu leben. Unsere Wünsche werde ich der Regierung im Besonderen klarlegen.

Ich bitte, in den Zeitungen dieses Schreiben zu veröffentlichen, damit die Bevölkerung weiß, wir sind reichstreu.

Mit vorzüglicher Hochachtung
ergebenst Martin Diobobe, Z[ug]f.[ührer] d.
Hoch- u. Untergrundbahn z. Berlin
Danziger Str. 98 II[4]

Nur unter deutscher Herrschaft in Kamerun könne die erfolgreiche politische und wirtschaftliche Entwicklung der Kolonie fortgesetzt werden, so die Unterzeichner. Weiter schreiben sie: »Wir protestieren gegen die Vergewaltigung der Kolonien« durch die alliierten Mächte und »geloben unverbrüchliche Treue« zu Deutschland. Für die Zukunft

4 https://web.archive.org/web/20200101090448/https://blackcentraleurope.com/sources/1914-1945/petitions-to-german-authorities-1919/.

wünschen sie, dass sich Deutschland an den hohen Standards orientiere, die in britischen Kolonien bereits offenkundig waren: Gleichheit vor dem Gesetz, ein unabhängiges Rechtssystem, die Beendigung von Diskriminierung, eine ständige Vertretung der Afrikaner in der Nationalversammlung, ein Bildungssystem nach deutschem Vorbild, christliche Religionserziehung, eine ordentliche Kolonialpolizei und vieles weitere mehr.

Es war kein »Kolonialismus-Protest«, wie die *Deutsche Welle*[5] schreibt, im Gegenteil: Es war ein bewegender Appell an Deutschland, die koloniale Herrschaft fortzusetzen und den Fortschritt dort weiter voranzubringen.

Zu seiner Zeit galten Dibobes Briefe und seine Petition als Zeichen des Erfolgs und der Legitimität der deutschen Kolonialherrschaft. Unglücklicherweise verhallte sein Appell in Versailles ungehört. Nachdem die französische Kolonialverwaltung ihm 1921 die Einreise in sein Heimatland verwehrte, verschwand Martin Dibobes Name aus der Geschichtsschreibung.

Dibobes Schicksal fasst wesentliche Teile der deutschen Kolonialgeschichte zusammen: Ihre erfolgreiche Herrschaft im Kolonialgebiet; ihre Legitimität und Unterstützung durch die Einheimischen, die die freiheitlichen Grundsätze der deutschen Kolonialverwalter ernst nahmen und darauf drängten, diese in Afrika voll umzusetzen; sowie am Ende die Tragödie des Landraubs durch die Siegermächte nach 1919.

Die Gedenktafel, die 2019 von Kolonialkritikern in Berlin errichtet wurde, erzählt jedoch eine vollkom-

5 Daniel Pelz, »100 Jahre Dibobe-Petition: Der vergessene Kolonialismus-Protest«, *Deutsche Welle*, 25.07.2019.

men andere Geschichte: Martin Dibobe sei ein »Opfer« des Kolonialismus gewesen, dass sich der deutschen Herrschaft »widersetzt« habe. Statt Dibobe als Beispiel für die Vorteile der Kooperation und der gegenseitigen Bereicherung durch die Deutsch-Afrikanische Begegnung anzusehen, nutzte man die Gedenktafel dazu, eine verzerrte Geschichte von deutscher Schuld und afrikanischem Opfertum zu verbreiten.

Entsprechend sei die Dibobe-Petition eines der »bedeutendsten Dokumente des kollektiven Widerstands der afrikanischen Diaspora in Deutschland gegen Kolonialismus und Rassismus.« Die Unterzeichner »wandten sich gemeinsam gegen den systematischen Bruch der Völker- und Menschenrechte im kaiserlichen Kolonialreich«, so die Pressemitteilung der Kolonialforscherin Paulette Reed-Anderson und des Vereins *Berlin Postkolonial*, der, auf Empfehlung des Historischen Beirats, durch das Land Berlin finanziert wird.

Die Erfolgsgeschichte des Martin Dibobe, eines gefeierten Berliner Lokalhelden, der die Tochter seines Vermieters ehelichte und Deutschland seine »Anhänglichkeit und Treue« schwor, wurde so posthum zu einem spalterischen, aufwiegelnden Narrativ der deutschen Kollektiv- und Erbschuld und einem afrikanischen Opfermythos umgedichtet.

Und tatsächlich beschloss die links-links-grüne Senatsmehrheit in Berlin 2019, den »Opfern der deutschen Kolonialgeschichte« ein zentrales Denkmal zu setzen. Es ist Zeit, dieser Art der Erzählung und der Zwietracht, die sie gesät hat, endlich zu widersprechen.

In jüngster Zeit gibt es ein verstärktes Interesse daran, wieder eine ausgewogenere Sicht auf die europäische Kolonialzeit zu etablieren, als sie im letzten halben Jahrhundert von Aktivisten und linken Akademikern geboten wurde. Eine große Zahl wissenschaftlicher Arbeiten der vergangenen Jahrzehnte weckt ernsthafte Zweifel an der landläufigen Behauptung, die Kolonialzeit sei für die betroffenen Länder und Menschen von Übel gewesen.[6]

Im Gegenteil ergibt die objektive, wissenschaftliche Forschung zu dem Thema, dass die Kolonialzeit für die Kolonisierten objektiv gewinnbringend und für die Kolonisatoren subjektiv gerechtfertigt war. Je länger ein Land kolonialisiert war, umso schneller in der Folge das Wirtschaftswachstum und umso höher der Lebensstandard, der Grad an politischer Teilhabe, die Qualität der Gesundheitsversorgung, der Bildung, der Menschenrechte und der Rechtssicherheit. Je früher ein Land das »Joch« des Kolonialismus abwarf, desto schlechter stand es später da. Länder, deren postkoloniale Anführer das Erbe der Kolonialmächte hochhielten, erging es besser als unabhängigen Staaten. Länder, die von antikolonialen Extremisten übernommen wurden, stürzten dagegen in einen Abgrund aus Hunger, Bürgerkrieg und Tyrannei. Eine bittere Ironie stellt die Tatsache dar, dass es den größten Antikolonialisten der Dritten Welt lieber ist, in Ländern des Westens zu leben, statt in ihren nun »befreiten« Heimatländern.

6 Eine Übersicht aktueller Forschung ist unter Bruce Gilley, »Contributions of Western Colonialism to Human Flourishing: A Summary of Research«, *researchgate.net* (Version 2.0, 2019) zu finden.

Die Landsleute aus den ehemaligen Kolonien dürften wissen warum.

Einer der Gründe, weshalb gegenwärtige Kolonialismuskritiker sich mit der objektiven Tatsache des positiven Kolonialerbes so schwertun, ist ihre Abneigung gegenüber der Idee, dass der Westen ein besseres Modell politischer und wirtschaftlicher Entwicklung anbietet als andere Zivilisationen. Wenn sie den Kolonialismus der systematischen Unterdrückung, Ausbeutung und Gewaltherrschaft bezichtigen, sollte man sich vor Augen führen, dass es dieselben Menschen sind, die auch moderne westliche Länder wie Deutschland als unterdrückerisch, ausbeuterisch, illegitim und undemokratisch empfinden. Wir können also bereits vor der näheren Untersuchung der Kolonialgeschichte viele solcher Behauptungen als rein ideologisch motiviert ansehen.

Bezeichnenderweise ist der Antikolonialismus eng mit allen möglichen Strömungen des militanten Gutmenschentums (»Social Justice Warriors«) verbunden. Dem Dogma des Antikolonialismus zu gehorchen, ist heute Pflicht für jeden ordentlichen Gutmenschen, weshalb die geschichtlichen Tatsachen dem gegenwärtigen Weltbild geopfert werden. Die afrikanische Aktivistin Arlette-Louise Ndakoze, die lieber in Berlin als in ihrem Heimatland Burundi wohnt, schrieb 2018 für den staatsnahen Sender *Deutschlandfunk*: »Der deutsche Kolonialismus war ein Verbrechen gegen die Menschlichkeit (…). Sein Imperialismus findet heute Ausdruck in der Globalisierung, im Neoliberalismus, im Rassismus.« Antikolonial zu sein, bedeute heute laut

Frau Ndakoze »Deutschlands politische, ökonomische und kulturelle Stellung in Frage« zu stellen.[7]

Nichts könnte die Radikalität des antikolonialen Dogmas besser zusammenfassen als solche pauschalen Aburteilungen. Die radikalen Gutmenschen und Antikolonialisten werden nicht eher ruhen, bis Deutschland und die anderen Länder des postkolonialen Westens in Schutt und Asche gelegt sind.

Deshalb ist die Diskussion um die europäische Kolonialzeit kein abstraktes akademisches Gerede ohne Bezug zur Gegenwart. Es handelt sich vielmehr um einen Angriff auf die Zukunft aller Länder des Westens, nicht nur Deutschland, sondern in erster Linie Großbritannien, Frankreich, Belgien, die Niederlande und Portugal – sowie die führenden ehemaligen Kolonialländer des Westens, die USA, Kanada, Australien, Südafrika und Neuseeland.

Die Diskussion hat direkten und konkreten Einfluss auf die gegenwärtige Politik, auf internationale Beziehungen, Entwicklungshilfe, Einwanderung- und die heimische Kulturpolitik. Wenn unser Tun in diesen Bereichen lediglich von einem fehlgeleiteten Schuldbewusstsein geprägt wird, ist das nicht nur den Bürgern der westlichen Länder gegenüber ungerecht, sondern schadet auch massiv den angeblich Begünstigten in der Dritten Welt.

Das antikoloniale Dogma hat unsere Vorstellungen von Zivilisation, Moderne und Gemeinwohl mitten ins

7 Arlette-Louise Ndakoze, »Das Erinnern an Kolonialismus-Verbrechen wirkt allmählich«, *Deutschlandfunk Kultur*, 28.3.2018.

Herz getroffen. Die Randalierer und Bilderstürmer der radikalen Antifa und die Black Lives Matter-Aktivisten vom Sommer 2020 sind sowohl die logische Fortführung als auch die geistigen Erben dieses antikolonialen Dogmas.

Alles von der Städteplanung bis zum Verbrennungsmotor wird jetzt als »kolonial« attackiert, was unweigerlich bedeutet, dass die Dekolonialisierung einen riesigen Rückschritt in der menschlichen Entwicklung verursachen wird. Auf die Länder des Westens übertragen, bedeutet die Agenda der »Dekolonialisierung« eine Ghettoisierung von Migrantengemeinden und eine Verstaatlichung der freiheitlichen Gesellschaft.

Es hängt deshalb viel davon ab, die Kolonialgeschichte ins rechte Licht zu rücken, ob nun in Deutschland oder in anderen Ländern.

Gegenwärtig gibt es keine Literatur, die die deutsche Kolonialzeit in einem positiven Licht darstellt. Das letzte derartige Werk war *Die deutschen Kolonien vor, in und nach dem Weltkrieg* von Heinrich Schnee (1935). Allgemeine Geschichtswerke, darunter *Die Deutschen Kolonien: Geschichte Der Deutschen Schutzgebiete in Wort, Bild und Karte* (1982) und *Studien zur Geschichte des deutschen Kolonialismus in Afrika* (1995), gibt es dagegen einige.

Die vorherrschende Herangehensweise an die deutsche Kolonialgeschichte ist eine arrogante, selbstgerechte Verurteilung angeblicher Verbrechen. Die Aufgabe der Forscher war es wohl, das deutsche Volk nachträglich dieser Verbrechen anzuklagen und zu verurteilen. Wie zwei der größten Vorbeter dieser unwissenschaftlichen

»Forschung« der voreiligen Schlüsse, Michael Perraudin und Jürgen Zimmerer, 2010 schrieben: »Die Deutschen glaubten, sie hätten nichts mit der kolonialen Ausbeutung weiter Teile Afrikas, Asiens und Südamerikas zu tun. Sie waren unschuldig, dachten viele, an der Verwüstung des europäischen Kolonialismus, und konnten daher unvoreingenommen und unbelastet der postkolonialen Welt begegnen, ohne den Schatten der Kolonialgeschichte.«[8] In solchen Darstellungen wird die »Ausbeutung« und »Verwüstung« von vorneherein als offenkundig betrachtet und muss nicht weiter bewiesen werden, ehe man zum revolutionären Feldzug gegen die deutsche Geschichte und den gesamten Westen aufruft.

Ich begann mich für die deutsche Kolonialgeschichte zu interessieren, als ich eine Biographie des stolzen britischen Kolonialisten und Imperialisten Sir Alan Burns schrieb. Burns war während des Zweiten Weltkriegs Gouverneur der Britischen Goldküste (dem heutigen Ghana) und dann bis zu seinem Ruhestand 1957 bei den Vereinten Nationen für Kolonialfragen zuständig.[9] Als Burns 1914 mit 27 nach Afrika kam, wurde er sofort beim Ausbruch des Ersten Weltkriegs zum Kampfeinsatz eingezogen und nach Deutsch-Kamerun geschickt.

Als ich dieses Kapitel schrieb, fiel mir auf, wie groß die Unterstützung für die Deutschen in der einheimischen Bevölkerung war. In Deutsch Ost-Afrika war diese Unterstützung noch bemerkenswerter. Dort

8 Michael Perraudin und Jürgen Zimmerer, »Einleitung« in *German Colonialism and National Identity* (2010), S. 1.

9 Bruce Gilley, *The Last Imperialist: Sir Alan Burns' Epic Defense of the British Empire* (nnb).

gingen die Gefechte sogar nach dem Waffenstillstand vom 11. November 1918 noch weiter. Die einheimische Unterstützung für die deutschen Kolonialherrn in Ost-Afrika war so stark, dass Burns in leitender Position bei der Rekrutierung von Truppen in Nigeria eingesetzt werden musste. In dieser Funktion kam er mit dem berühmten britischen Kolonialherrn Lord Lugard in Kontakt, der seine Karriere befördern sollte. Während ich die Biographie dieses Mannes schrieb, war die Erfolgsgeschichte der deutschen Kolonien ein Dauerthema, das mich immer mehr faszinierte.

Als ich mich später mit der gängigen Forschungsliteratur zur deutschen Kolonialzeit zu beschäftigen begann, zum Großteil geschrieben von deutschen Forschern, war ich erstaunt. All das hatte keinerlei Ähnlichkeit mit dem, was ich durch meine Arbeit an der Burns-Biographie herausgefunden hatte. Es ähnelte mehr einem Folterkeller der Inquisition, in dem der Kerkermeister dem hilflosen Opfer mit allem möglichen Werkzeug zusetzt. Das war in der Tat keine Forschung, sondern eine ideologische Verstümmelung.

Das meiste davon genügte nicht einmal grundlegendsten Standards wissenschaftlicher Arbeit: Sie beginnen mit den Schlussfolgerungen und suchen sich dazu passende Belege, wobei alle Befunde streng nach ihrer Tauglichkeit für die gewünschte Conclusio ausgesiebt werden. Je mehr diese Annahmen dem zunehmend radikalen linken Zeitgeist entsprechen, desto eiserner werden sie von solchen »Wissenschaftlern« *a priori* vorausgesetzt.

Die normative Voraussetzung des antikolonialistischen Ansatzes als Ausgangsbasis und *sine qua non* stellt ein offenkundiges Problem bei der wissenschaftlichen Erforschung der deutschen Kolonialgeschichte dar. Wird nur eine Interpretation zugelassen, sind die erzeugten Ergebnisse per Definition unzuverlässig. In diesem Sinne krankt die deutsche Kolonialforschung an denselben soziologischen und epistemologischen Defiziten wie alle Forschung zur westlichen Kolonialgeschichte.

Kern des Problems ist die Tatsache, dass der kolonialismuskritische Standpunkt in jeglicher Forschung als Ausgangsbasis und Schlussfolgerung unverhandelbar ist. Junge, aufstrebende Akademiker werden sich schnell auf der Straße wiederfinden, wenn sie aus der Reihe tanzen. Vor diesem Hintergrund sind valide, falsifizierbare und überprüfbare Ergebnisse so gut wie ausgeschlossen. Es lässt sich leicht aufzeigen, dass jeder, der den Antikolonialismus in Frage stellt, als Rassist gebrandmarkt und dem gewalttätigen Mob ausgesetzt wird, wie es dem Autor nach Veröffentlichung seines Aufsatzes »The Case for Colonialism« 2018 erging. Es ist einfach ein Fakt, dass die Voraussetzungen für objektive, ergebnisoffene Forschung in diesem Bereich nicht gegeben sind. Um es deutlich zu sagen: Allen akademischen Arbeiten zum deutschen Kolonialismus der vergangenen drei Jahrzehnte fehlt jegliche Aussagekraft. Sie sind kontaminiert wie ein Arzneimittel, das in einem Labor voller Viren und Bakterien hergestellt wurde.

Um heute als »Kolonialismusexperte« zu gelten, bedarf es wenig: Man nehme einen Aspekt der Gegenwart, der einem missfällt, suche eine Verbindung, egal wie dürftig, zur deutschen Kolonialzeit, und schiebe das eine dem anderen zu. Simsalabim! Eine universaltheoretische

Erklärung für alle Missstände der Dritten Welt, und obendrein die monokausale Erklärung für jeglichen Reichtum, die Freiheit und sonstige Kulturerrungenschaften des Westens. Nach diesem Dogma sind die üblichen Erklärungen für den Erfolg des Westens – das griechisch-römische und jüdisch-christliche geistige Erbe, die Errungenschaften des Mittelalters, der Reformation, Aufklärung und industriellen Revolution – nichts weiter als Selbstlob, Eigennutz und Überhöhung. Vielmehr schuldet Deutschland seinen heutigen Wohlstand einzig und allein den unbezahlten Sklavenarbeitern, die in Togo die Eisenbahn bauten!

Um die höchsten Weihen dieses Folterkellers zu erreichen, muss ein aufstrebender Nachwuchskolonialforscher allerlei obskure Fachausdrücke samt moralinsaurer Pose verinnerlichen: So waren die bösen deutschen Kolonialherren »Eurozentriker«, die ihre Untertanen »kulturell verdinglichten«; der Wissensvorsprung, den sie mitbrachten, war nichts als »epistemische Gewalt«; ihre Motivation dabei war reine »erotische Projektion«; die bezahlte Arbeit, die sie Einheimischen anzubieten hatten, war »Ausbeutung«; jede gewaltsame Auseinandersetzung war Wegbereiter der genozidalen Endlösung; und so weiter.

Das antikoloniale Dogma ist heute die Wunderlampe einer ganzen intellektuellen Kohorte. Wen kann es da wundern, dass sich mittlerweile Forscher für Märchen und Kinderliteratur erfolgreich um Posten in der deutschen Kolonialforschung bewerben?[10] Ein

10 Sara Friedrichsmeyer, Sara Lennox, und Susanne Zantop (Hrsg.), *The Imperialist Imagination: German Colonialism and Its Legacy* (1998).

Wissenschaftler beschrieb diesen Trend wohlwollend: »Kolonialismusforscher haben lange festgestellt, dass die Bedeutung der Kolonien in der Metropole durch die Linse der Fantasie und der Imagination analysiert wurde.«[11]

Eine gute Zusammenfassung dieser »Wissenschaft« findet sich beim – englisch getauften – »Frankfurt Research Center for Postcolonial Studies« der Goethe-Universität Frankfurt am Main. Dort verspricht man uns, deutsche Steuergelder für die Bekämpfung der »normativen Gewalt« des Kolonialismus aufzuwenden, die das Forschungszentrum in »Vernunft, Fortschritt, und Entwicklung« verkörpert sieht.

Wenig überraschend wird das Institut von der Inderin Nikita Dhawan geleitet, einer Bürgerin desjenigen Landes, das für mehr anti-westliche Kolonialismuskritik als jedes andere verantwortlich ist. (Böse Zungen behaupten sogar, anti-westliche Rhetorik sei Indiens größter Exportschlager.) Zu den Hauptthemen ihres akademischen Werkes gehört die »Dekolonialisierung der Aufklärung« und die »Erotik des Widerstandes«. Von solchen steuerzahlerfinanzierten Instituten und Geschwätzwissenschaftlern sollen die Deutschen also die letztgültige Weisheit über ihre koloniale Vergangenheit beziehen, welche nun ihre Innen- und Außenpolitik leiten soll.

Diese völlige Abkehr von der geschichtlichen Realität verkörpert niemand besser als der Kerkermeister dieses

11 Frank Biess, »Moral Panic in Postwar Germany: The Abduction of Young Germans into the Foreign Legion and French Colonialism in the 1950s«, *Journal of Modern History* (2012), S. 824.

mittelalterlichen Folterkellers Prof. Dr. Jürgen Zimmerer, Leiter der Forschungsstelle »Hamburgs (post-)koloniales Erbe/Hamburg und die frühe Globalisierung« an der Universität Hamburg. Er bewarb sich um seinen Posten als Folterknecht mit dem abstrusen Argument, der Holocaust sei das direkte Resultat der deutschen Kolonialzeit gewesen.

So definierte er gegenüber dem deutschen Magazin *Der Spiegel* den Kolonialismus folgendermaßen: »Wenn man Kolonialismus breiter versteht, auch als das selbst gesetzte Recht, irgendwo Regime zu wechseln; wenn man ihn als ein System ungleicher Beziehungen sieht, dann kann man sagen, dass wir noch in einer kolonialen Welt leben.«[12] Das Spezialgebiet des Professor Zimmerer ist die theoretische Erforschung von »ungleichen Verhältnissen«, die für ihn zwangsläufig von Übel sind. Das Themengebiet der Kolonialzeit ist für ihn deshalb nur eine Spielwiese, auf der er seinen Wutanfall gegenüber einer real existierenden Welt der »ungleichen Verhältnisse« austoben kann.

Es gibt gewiss auch Ausnahmen. Das 2017 erschienene Werk *Die Deutschen und ihre Kolonien: Ein Überblick* vermeidet pauschale Verurteilungen und hebt stattdessen die »alltäglichen Erfahrungen« der Kolonialvölker hervor.[13] Die etablierte Forschung verurteilte es prompt in

12 Uwe Klußmann und Dietmar Pieper, »›Konzept des rassistischen Terrors‹: Ist die koloniale Vergangenheit wirklich vergangen? Ein Interview mit dem Historiker Jürgen Zimmerer«, *Der Spiegel*, 6.3.2016 [https://www.spiegel.de/geschichte/kolonialzeit-interview-mit-afrika-experte-juergen-zimmerer-a-1080090.html].

13 Horst Gründer, Hermann Hiery (Hrsg.), *Die Deutschen und ihre Kolonien: Ein Überblick* (2017).

Bausch und Bogen als eine Art Holocaustleugnung. Der kongolesische Aktivist George Kibala Bauer, der lieber in Deutschland als im Kongo wohnt, monierte, das Buch »vermeidet eine kritische Beschäftigung mit dem deutschen Kolonialerbe.«[14]

Obschon das Werk jede Menge Kritik und Abwägung enthielt, war das Problem für Kibala vielmehr die bloße Möglichkeit einer ergebnisoffenen Beschäftigung mit der deutschen Kolonialzeit. Mit anderen Worten, das Buch beginnt nicht mit der Schlussfolgerung und foltert die Realität solange, bis sie alles gesteht, was von ihr verlangt wird. Objektivität, Logik und Debatte, das wertvolle Erbe der Kritikfähigkeit in der westlichen Kultur, werden so »Teil des Problems« – Teil der »normativen Gewalt« – deren Austreibung natürlich in den Händen von Antikolonialaktivisten wie Kibala Bauer, Zimmerer und Dhawan liegt.

Mitherausgeber Horst Gründer kann von der antikolonialistischen Wut der deutschen Linken ein Lied singen. Er hat seine Karriere nicht auf politischem Aktivismus oder Gutmenschen-Gehabe, sondern auf sorgfältiger, unvoreingenommener Forschungsarbeit aufgebaut. 2005 warf ihm Zimmerer im Rahmen einer Fernsehsendung und einer dazugehörigen Buchveröffentlichung die unverzeihliche Sünde vor, zu behaupten, es habe in Deutschlands kolonialer Vergangenheit irgendetwas Positives gege-

14 George Kibala Bauer, »Germany's crimes: Will Germany recognize its brutal, colonial history and how it will mark or memorialize that violent period?«, *AfricaIsACountry.com*, 3.1.2018 [https://africasacountry.com/2018/03/what-are-the-politics-of-colonial-memory-in-germany].

ben.[15] Gründers Weigerung, sich dem linken Zeitgeist des Antikolonialismus zu unterwerfen, so ein anderer Professor, zeige, »dass umfassendes Faktenwissen nicht vor ebenso problematischen Interpretationsweisen schützt.«[16] Als Antwort warf Gründer seinen Kritikern Unkenntnis der Entwicklungsmuster historischer Prozesse und eine romantische Vorstellung vor, was in diesen Ländern ohne deutsche Kolonialherrschaft passiert wäre. Eines ist heute klar: Das deutsche antikolonialistische Establishment wird dafür sorgen, dass es nie wieder Forscher von Gründers Kaliber gibt.

Dem Autor wurde ein kleiner Vorgeschmack auf den antikolonialen Mob zuteil, als er im Dezember 2019 eine Rede vor der versammelten Fraktion der Partei Alternative für Deutschland (AfD) im Deutschen Bundestag hielt. Auf Einladung der Abgeordneten Petr Bystron und Markus Frohnmaier war der Autor gekommen, um über die deutsche Kolonialzeit zu sprechen. Als antikoloniale Aktivisten in Berlin davon erfuhren, organisierten sie vor dem Reichstagsgebäude eine Gegen-Demonstration mit dem Titel »Für schwarze Berliner und ihre weißen Unterstützer«. Etwa 50 weiße Berliner und etwa zwei Schwarze (womöglich Touristen) fanden sich ein. »Es gibt keinen guten Kolonialismus!« kreischte eine militante junge, weiße Frau ins Megafon. Führende

15 Gisela Graichen, Horst Gründer, *Deutsche Kolonien: Traum und Trauma* (2005); Jürgen Zimmerer, »Menschenfresser und barbusige Mädchen. Eine ZDF-Serie und ein Buch verkitschen und verharmlosen den deutschen Kolonialismus«, *Süddeutsche Zeitung*, 24.11. 2005.

16 Heiko Wegmann, *Zwei Schritte vorwärts und einen zurück – Anmerkungen zur aktuellen Debatte um den Maji-Maji-Krieg in »Deutsch-Ostafrika«*, [https://www.freiburg-postkolonial.de/Seiten/dhm1.htm].

Antikolonialismusforscher wie Jürgen Zimmerer twitterten derweil eifrig gegen meinen Auftritt an.

Der einzige Schwarzafrikaner, der sich meinen Vortrag tatsächlich anhörte, war der AfD-Bundestagsmitarbeiter Achille Demagbo aus Benin, der mir auf sehr freundliche Weise dafür dankte, den Menschen der ehemaligen Kolonien endlich eine Stimme zu geben. Die Afrikaner seien es leid, von weißen Linken und radikalen Hochschulprofessoren gesagt zu bekommen, was sie zu denken und zu sagen haben, so Demagbo. »Alle Menschen in Afrika wissen, dass Sie die Wahrheit sagen«, sagte er anwesenden Gästen und Pressevertretern wie Alan Posener (*Die Welt*) und Anne Schneider (*NZZ*), die Demagbos Anwesenheit und Kommentare wie den folgenden in ihren Berichten über meinen Vortrag leider unerwähnt ließen: »Deutschland hat viel Gutes für Afrika getan. Ich möchte Ihnen also für Ihre ehrlichen Worte danken.«

Ehe wir uns detaillierter der Geschichte der einzelnen deutschen Kolonien zuwenden, lohnen sich ein paar allgemeine Feststellungen bezüglich der europäischen Kolonialgeschichte. Damit meine ich jene Periode vom Beginn des 19. Jahrhunderts bis zur Mitte des 20., die der amerikanische Historiker David Abernathy als Ära europäischer Expansion und Imperien definiert. Diese Epoche sollte getrennt von den früheren Wellen der europäischen Entdecker, Händler und Siedler betrachtet werden, so Abernathy, weil zum ersten Mal das Bestreben aufkam, in den Kolonialreichen das Staatssystem des jeweiligen Heimatlandes flächendeckend zu etablieren.

Brasilien erlangte 1822 seine Unabhängigkeit von Portugal, das symbolische Ende der ersten Ära der spanischen, portugiesischen und niederländischen Expansion. Zwei Jahre später, 1824, begannen sich die Briten in Indien auszudehnen, erreichten Burma und Myanmar, und läuteten damit den Beginn der zweiten Kolonial-Ära ein. Was diese beiden Epochen unterscheidet, war nicht nur der Wechsel der europäischen Großmächte (Spanien schied z.B. nach der Schlacht von Trafalgar 1805 mehr oder weniger komplett als ernstzunehmender Mitspieler unter den Kolonialmächten aus), sondern auch die neuen Ideen und Institutionen, die sie mitbrachten. Ursprünglich bedeutete Kolonialismus die Ansiedlung von Menschen aus den Heimatländern in Übersee, doch im Laufe des 19. Jahrhunderts wandelte sich der Begriff zu einer Besiedlung durch Ideen und Institutionen – allen voran die liberale Toleranz, demokratische Mitwirkung, Rechtssicherheit, Recht auf Eigentum und der Schutz der Grenzen. Diese Ideen und Institutionen der europäischen Aufklärung waren es, viel mehr als Soldaten oder Verwaltungsbeamte, die die Welt »kolonisiert« haben. Irgendwohin Siedler zu schicken, eine Festung zu errichten oder ein Silberbergwerk zu bauen, galt nun als »schnöder« Imperialismus. »Kolonialismus« stand dagegen für den hehren Anspruch, durch den Export unserer freiheitlichen Ansprüche und unabhängigen Instanzen das Los der kolonialisierten Völker zu erheben und ihre Lebensumstände zu verbessern.

Was die schieren Dimensionen angeht, bestanden die europäischen Kolonien um 1913 im Grunde aus Indien und allen anderen Ländern. In Indien lebten etwa

63 Prozent aller vom Kolonialismus betroffenen Menschen auf der Welt. »Alle anderen Länder« ließen sich in drei gleich große Teile aufteilen, die jeweils etwa 10 Prozent der weltweiten Kolonialbevölkerung ausmachten: Das restliche britische *Empire*, die französischen und die niederländischen Kolonialgebiete. Die deutschen, belgischen und portugiesischen Kolonialgebiete machten jeweils nur etwa zwei Prozent aller Kolonien aus, der kleine Rest gehörte Italien.[17] Deshalb beschäftigt sich die Kolonialdebatte so intensiv mit dem *British Empire*, vor allem mit Indien. Dennoch hat uns jede der rund 80 europäischen Kolonien, die es im Jahr 1913 gab, etwas zu sagen – egal wie klein oder groß ihre Bevölkerung.

Ein Großteil der Kolonialismusdebatte dreht sich um komplizierte empirische Diskussionen darüber, was wann warum passiert ist, was stattdessen hätte passieren können, und was die Einheimischen davon hielten. Aber wir können auch einen Schritt zurück gehen und uns eine einfache Frage stellen: Wenn Menschen, die von der Hand im Mund leben, die Möglichkeit bekämen, in einem Staat Aufnahme zu finden, dessen politisches und wirtschaftliches System ihre Lebensbedingungen spürbar verbessert hat (in Bezug auf Kindersterblichkeit, Krankheitsbekämpfung, Angst vor Gewalt, Nahrungsmittelsicherheit und eine viel liberalere Regierung als jene, die es zuvor gab, etc.) was würden die Menschen sagen und was wäre das Ergebnis?

Anzunehmen wäre zum Beispiel, dass die bisherigen Machthaber vorsichtig bis ablehnend reagieren würden:

17 Bouda Etemad, *Possessing the World: Taking the Measurements of Colonisation from the Eighteenth to the Twentish Century* (2007), Kap. 10.

Wenn sie daraus einen Vorteil ziehen und ihren Status verbessern könnten, würden sie zustimmen, sonst nicht. Das gemeine Volk dagegen würde die Machtübernahme eher begrüßen. Viel mehr Menschen würden sich hinter die neuen Verwalter aus Europa stellen, als den alten Eliten die Treue zu halten.

Die »Pull-Faktoren« wären signifikant größer als die »Push-Faktoren«. Bei allem Wettstreit mit anderen europäischen Mächten zögerten europäische Herrscher, die daheim genug Probleme hatten, sich in fernen Ländern zu engagieren, wenn nicht die breite Unterstützung durch die einheimischen Kolonialvölker selbst sie dazu ermutigte, die Last eines Weltreiches zu schultern. Als mit Hilfe der Einheimischen, die an der Seite der neuen Kolonialherren kämpften, die alten Machtstrukturen aus dem Weg geräumt waren, blieb als einzig wichtige empirische Frage nur noch, wie genau die einheimische Bevölkerung davon profitieren sollte.

Die Last der Kolonialherrschaft setzte allen europäischen Mächten zu. Unterm Strich überwogen stets die wirtschaftlichen und fiskalischen Kosten, administrative Verantwortung für Wildfremde in aller Welt zu übernehmen, sowie die Kritik aus den eigenen Reihen in der Heimat. Versuche, die Kolonien vollständig ins Staatsleben des Heimatlandes zu integrieren, wurden als nicht durchführbar angesehen. Beim ersten Anzeichen eines schwindenden Durchsetzungswillens seitens der Kolonialregierung traten Opportunisten vor Ort im Gewande der »Befreier«, »Nationalisten« und »Widerstandskämpfer« auf, um das Machtvakuum zu füllen, um Selbstverwaltung und Unabhängigkeit zu fordern. Ihr »Erfolg« war reine Einbildung, denn in Wahrheit rannten sie offene Türen ein, ohne Plan, ohne Sinn und Verstand.

Die undefinierten Ziele dieser nationalistischen Befreiungsbewegungen machten sie zu willfährigen Spielbällen von allerlei Extremisten, die mit immer utopischeren Zukunftsvisionen aufwarteten. »Das Paradies in zehn Jahren!« versprach der ghanaische Nationalist Kwame Nkrumah, und schickte daraufhin sein Land in eine Abwärtsspirale, die ein halbes Jahrhundert währen sollte. Die Krise wurde zum Geburtsmal und Dauerzustand dieser neuen Länder, und Schuld hatten natürlich stets die längst vertriebenen Kolonialherrn, nicht etwa die radikalen Nationalisten, die tatsächlich regierten, oder die Antikolonialisten in Europa und die unverantwortlichen Aufpeitscher in den Vereinten Nationen.

Dort, wo der Kolonialismus nicht lange genug währte oder tief genug wurzelte, sollte die Herrschaft dieser neuen Eliten zur Katastrophe geraten. Innerhalb weniger Monate oder Jahre wurde die Krise zur Normalität, die Länder wurden wieder in die vorkoloniale Steinzeit katapultiert. Die wenigen neuen Anführer, die auf Kontinuität mit der Kolonialzeit bestanden, inklusive Verfassung und Rechtsstaatlichkeit, freier Marktwirtschaft, unabhängiger Justiz, offenem Handel und Investitionsmöglichkeiten nach außen, sowie auf Respekt vor gewachsener Tradition und Kultur, entgingen weitestgehend dem Albtraum der Entkolonialisierung. Während die Antikolonialisten den Kolonialherren stets die Schuld an allen Katastrophen gaben, waren all diese Erfolgsgeschichten aus deren Sicht aber rein auf das Genie der Einheimischen zurückzuführen, die ohne den Makel der Kolonialzeit noch viel glorreicher ausgefallen wären.

Das ist im Kern das logische Argument für den europäischen Kolonialismus. Die empirischen Beweise dafür sind sehr überzeugend.[18] Der Grund, warum diese Tatsache nicht durchdringt, ist der Hang der modernen Kolonialforscher, die historischen Archive zu durchforsten und Rosinenpickerei nach allerlei Unzumutbarem zu betreiben: Rassistische Aussagen von Siedlern, gewalttätige Übergriffe durch Kolonialverwalter, unlautere Geschäftspraktiken weißer Händler. Doch diese Erbsenzählerei sagt uns rein gar nichts darüber, ob der Kolonialismus nun unterm Strich von Wohl oder von Übel war. Eine solche ganzheitliche Bewertung erfordert sowohl eine Berücksichtigung der praktischen Voraussetzungen, mit denen die Beteiligten zu kämpfen hatten, wie auch mögliche Alternativen zur Kolonialherrschaft.

Viel ist zum Beispiel über Heinrich Leist geschrieben worden, dem stellvertretenden Gouverneur von Deutsch-Kamerun 1893. Leist geriet mit Kolonialtruppen aus Dahomey, die für das Deutsche Reich gekämpft hatten, bezüglich Lohn- und Arbeitsbedingungen in Konflikt. Nach einem Mordanschlag auf ihn, ließ er die Rebellen verhaften und ihre Frauen auspeitschen. Der »Fall Leist« wurde von August Bebel (SPD) im Reichstag thematisiert, der Disziplinargerichtshof Potsdam befand ihn

18 Forschungsübersicht wie erwähnt unter Bruce Gilley, »Contributions of Western Colonialism to Human Flourishing: A Summary of Research«, *researchgate.net* (Version 2.0, 2019)

der Gewaltexzesse schuldig. In den Kolonien wurde die Sozialgesetzgebung verschärft, um einen besseren Schutz der Einheimischen zu gewährleisten.

Was schließen wir aus diesem Fall? Die Kolonialforscher, die daraus ein Beispiel kolonialer Gewaltherrschaft machen wollen, scheinen zu einem vernünftigen, ausgewogenen Urteil nicht in der Lage.[19] Wie erlebten es die deutschen Behörden, die dieser von Stammeskriegen und Gewaltherrschaft gebeutelten Region Frieden und Wohlstand bringen wollten? So war Leist der Hauptförderer des Krankenschwestervereines vor Ort, der sich um gerettete schwarze Sklavenkinder kümmerte und denjenigen schwarzen Mitarbeitern medizinische Hilfe und Pflege anbot, die das Glück hatten, für die Deutschen zu arbeiten.[20] Wie viele dahomische Frauen wären ohne die Deutschen gestorben, versklavt oder von anderen Afrikanern physisch attackiert worden? Gab es jetzt mehr oder weniger Gerechtigkeit als vor der Ankunft der Deutschen?

August Bebel wedelte im Reichstag mit einer Nilpferdpeitsche, die sich Leist angeblich von den Einheimischen ausgeliehen hatte, um Frauen auszupeitschen, zum Beweis seiner Grausamkeit. Aber warum hatten die Einheimischen überhaupt Nilpferdpeitschen? Und war die Strafe des Geißelns, die eben erst 1871 in Deutschland abgeschafft wurde, in den Kolonien wirklich so ein Skandal? Diese Fragen werden ausgeblendet.

19 David Simo, »The Legal Foundation of the Colonial Enterprise: A Case Study of German Colonization in Cameroon«, in Eric Ames et al. (Hrsg.), *Germany's Colonial Pasts* (2005), S. 105.

20 Lora Wildenthal, *German Women for Empire, 1884-1945* (2001), S. 46.

Solange man vom hohen Ross den Kolonialismus verurteilen kann, muss man in Bezug auf Beweisführung und Logik keinen wissenschaftlichen Standards genügen.

Ich will nur drei der vielen streng wissenschaftlichen Forschungsarbeiten beleuchten – eine aus dem Bereich Wirtschaft, eine aus der Politologie, und eine, die sich um die Frage der sozialen Legitimität dreht.

Zu den wirtschaftlichen Auswirkungen des Kolonialismus bieten Inseln eine hervorragende Umgebung für empirische Studien, denn der Zeitpunkt ihrer Entdeckung war meist mehr oder weniger zufällig und frei von »Pull-Faktoren«, die andere Kolonien mehr oder weniger attraktiv für europäische Besiedelung machten und daher ihren wirtschaftlichen Erfolg jenseits der Kolonialisierungseffekte beeinflussten.

In einer Studie aus dem Jahr 2009 über die Auswirkungen des Kolonialismus auf die Einkommensverhältnisse der Bewohner von 81 Inseln, haben zwei Ökonomen am Dartmouth College »ein robustes positives Verhältnis zwischen Kolonialisierungsdauer und Modernisierung« festgestellt.[21] Bermuda und Guam erging es besser als den Inseln von Papua Neu-Guinea und Fidschi, weil sie länger kolonisiert waren. (Die Studie liefert außerdem ein beängstigendes Beispiel für die Effekte des Antikolonialismus auf das kommunistische Kuba, da ähnliche Inseln heute zehnmal mehr Einkommen haben als das bemitleidenswerte Hispaniola.)

Die wichtigsten Länder, die nie oder kaum formal kolonisiert wurden – vor allem China, Äthiopien,

21 James Feyrer und Bruce Sacerdote, »Colonialism and Modern Income: Islands as Natural Experiments«, *Review Of Economics und Statistics* (2009).

Ägypten, der Iran, Thailand und Nepal – oder dessen Kolonialisierung schon vor der modernen Kolonialzeit zu Ende ging – wie in Brasilien, Mexiko, Guatemala und Haiti – dienen kaum zum Beweis, dass sie ohne Kolonialherrschaft besser dran gewesen wären. Sobald sie unabhängig waren, begannen die Bewohner des »befreiten« Haiti in die Kolonie Bahamas oder in die sklavenhaltenden (und später rassengetrennten) amerikanischen Südstaaten zu fliehen. Man muss ihren Sinn für Ironie bewundern.

Natürlich hatte der Kolonialismus für die Kolonialherren oft (wenn auch nicht immer) mehr Vorteile als für die Einheimischen. Aber wenn wir wirklich das Beste für die Bewohner der Kolonien wollen, im Vergleich zu ihrer Situation vor und nach der Kolonisierung, sind die wirtschaftlichen Rahmenbedingungen klar. Wie die britische Ökonomin Joan Robinson einmal bezüglich sozialistischer Mangelwirtschaft und kapitalistischer Freiheit in den ehemaligen Kolonien von Südostasien und der Karibik bemerkte: »[D]as Elend der kapitalistischen Ausbeutung ist immer noch besser, als gar nicht ausgebeutet zu werden.«[22]

Ein weiteres direktes Resultat des Kolonialismus ist die größere politische Freiheit. Der moderne Nationalstaat schafft die Grundlage für dauerhafte Demokratie. Alle Länder, die im 19. oder 20. Jahrhundert kolonisiert wurden, genossen nach einer statistischen Studie von 143 verschiedenen Kolonialzeiträumen des schwedischen Ökonoms Ola Olsson aus dem Jahr 2009 viel größere

22 Joan Robinson, *Economic Philosophy* (1962), S. 46.

demokratische Beteiligung.[23] Olsson konnte keine besondere Auswirkung der deutschen Kolonialzeit auf die Demokratiefähigkeit dieser Länder feststellen, da die deutschen Kolonien so wenig zahlreich und so kurzlebig waren, ehe sie in die britischen und französischen Kolonien einverleibt wurden.

Die demokratische Tradition wurde nach Olsson jedoch nicht von einzelnen nationalen Strategien angetrieben, sondern von den gemeinsamen europäischen, post-Napoleonischen Werten wie freier Handel, Menschenrechte, Eigentumsrechte, und Begrenzung staatlicher Macht – Faktoren, die in den deutschen Kolonien auf jeden Fall gegeben waren: »Das alles deutet stark darauf hin, dass der Kolonialismus der Imperialzeit unabhängig der Nationalität der Kolonialherren oder der speziellen Umstände der Kolonien demokratiefördernder war als der Kolonialismus der Zeit des Merkantilismus.«

Der dänische Politikwissenschaftler Jacob Hariri ergänzte diese Studie mit dem Gegenentwurf, einer Studie von 111 Ländern, die zeigte, dass jene Länder, die aufgrund der Existenz eines militärisch oder politisch starken, vormodernen Staates *nicht* oder *nur symbolisch* unter Beibehaltung der traditionellen Institutionen kolonisiert wurden, später viel eher unter einem untauglichen Staatsapparat und politischen System zu leiden hatten.[24]

23 Ola Olsson, »On the Democratic Legacy of Colonialism«, *Journal of Comparative Economics* (2009).

24 Jacob Hariri, »The Autocratic Legacy of Early Statehood«, *American Political Science Review* (2012).

Diese beiden Erbschaften, wirtschaftliche Entwicklung und politischer Liberalismus, zogen eine ganze Reihe sozialer und kultureller Vorzüge nach sich – bessere Gesundheitsversorgung, formalisierte Bildungssysteme, die Erhaltung und Pflege der kulturellen Vielfalt, Rechte für Frauen und Minderheiten, und vieles Weitere mehr.

Es nimmt also nicht Wunder, dass die kolonisierten Völker im Großen und Ganzen die Legitimität der Kolonialherrschaft anerkannten. Sie migrierten freiwillig zu den Kolonialzentren, bezahlten dort freiwillig ihre Steuern, erstatteten bei Verbrechen Anzeige bei den Kolonialbeamten, kämpften in den Kolonialarmeen, arbeiteten in der Kolonialverwaltung mit, und feierten ihren Status als Untertanen der Kolonialmächte.

Ohne die bereitwillige Mitwirkung großer Teile der Kolonialvölker wäre der Kolonialismus unmöglich gewesen.[25] Schließlich war die Zahl der aus den Mutterländern entsandten Polizisten, Soldaten und Zivilverwaltern in den Kolonien verschwindend gering im Vergleich zu den riesigen Gebieten und Bevölkerungen der Kolonien. Es ist schwer vorstellbar, wie sie gegen einen nennenswerten Widerstand der Einheimischen hätten überleben können.

Nach Schätzungen des Schweizer Historikers Bouda Etemad gab es um 1913 in den europäischen Kolonialgebieten 3300 einheimische Bewohner auf jeden europäischen Soldaten, etwa 20 Mal mehr als daheim. Selbst wenn man die Kolonialtruppen mitzählte, war

[25] Ronald Robinson, »Non-European Foundations of European Imperialism: Sketch for a Theory of Collaboration«, in Roger Owen und Bob Sutcliffe, Hrsg., *Studies in the Theory of Imperialism* (1975), S. 117–142.

das Verhältnis noch sechs Mal höher als in Europa. »Die Kolonialherren gingen in der Masse der Einheimischen unter«, so Etemad.[26]

Etemad überschätzt dabei sogar die militärische Stärke der Kolonialherren, da sie meistens an den militärischen Brennpunkten konzentriert waren, wo die größte Sicherheitsbedrohung herrschte. Die angebliche »europäische Gewaltherrschaft« war so milde, dass viele Einheimische gar nicht wussten, dass sie unterdrückt waren. Kolonialbeamte erhielten teilweise monatelang keine Anweisungen aus der Heimat. »In weiten Teilen Afrikas war der koloniale Fußabdruck gar nicht spürbar«, so der preisgekrönte Historiker Martin Meredith.[27]

Manche Historiker verbiegen sich, um zu beweisen, dass die Mitwirkung und Unterstützung der Einheimischen für die Kolonialherren nur ein cleverer Schachzug war, was die Historiker Allen Isaacman und Barbara Isaacman eine »semantische Nebelkerze« nennen. Dieser Winkelzug kann nicht über die Tatsache hinwegtäuschen, dass viele oder gar die meisten kolonisierten Völker sich im Sinne der wirtschaftlichen Entwicklung und der Sicherheit vor rivalisierenden Nachbarn und den eigenen Tyrannen freiwillig den Europäern unterwarfen.[28] Ob man dies nun »Eigennutz« oder »Legitimität« nennt, ändert nichts an der Tatsache, dass der Kolonialismus von vielen begrüßt wurde.

26 Bouda Etemad, *Possessing the World: Taking the Measurements of Colonisation from the Eighteenth to the Twentieth Century* (2007), S. 47–48, 206.

27 Martin Meredith, *The Fate of Africa* (2011), S. 5.

28 Allen Isaacman und Barbara Isaacman, »Resistance and Collaboration in Southernand Central Africa, c. 1850–1920«, *International Journal of African Historical Studies* (1977), S. 56.

Gibt es Anzeichen, dass der deutsche Kolonialismus anders war als das übliche Muster des europäischen Kolonialismus? War die deutsche Kolonialpolitik ein solcher Ausreißer, dass sie der Vorteile und Legitimität der britischen und französischen Weltreiche entbehrte? Die Antwort lautet: Nein. Vielmehr wird der deutsche Kolonialismus oft als »typisch« für den europäischen Kolonialismus betrachtet, ob in administrativer, wirtschaftlicher, sozialer oder kultureller Hinsicht.

Wir wenden uns im weiteren Verlauf detaillierten Einzelfällen zu, aber vorerst genügt es festzustellen, dass das Deutsche Reich eine relativ typische Kolonialmacht und der Kolonialismus für die kolonisierten Völker generell positiv und legitim war. Nach diesen allgemeinen Vorbemerkungen wollen wir uns näher mit der Geschichte der sechs großen deutschen Kolonialgebiete befassen.

Kapitel 2: Deutsch-Südwestafrika: Was ist mit den Herero?

Die Kolonialperiode im heutigen Namibia und Teilen von Botswana nimmt in der zeitgenössischen Diskussion über den deutschen und den europäischen Kolonialismus allgemein eine übergroße Rolle ein. Man könnte sogar so weit gehen zu behaupten, wenn Deutsche etwas über ihre koloniale Vergangenheit wissen, dann dass im ehemaligen Deutsch-Südwestafrika etwas Schreckliches passiert ist. Kolonialforscher, deren Hauptbetätigung darin besteht, die Fehler des Kolonialismus zu betonen und die Erfolge zu ignorieren, bestärken diese selektive Wahrnehmung gern. Es gibt heute etwa 40 oder 50 vollwertige Bücher auf Deutsch oder Englisch über die Tragödie, die in erster Linie den Herero und Nama zwischen 1904 und 1908 widerfahren ist. Im Vergleich gibt es höchstens 10 bis 20 allgemeine Geschichtsbücher über Deutsch-Südwestafrika. Jedem Versuch, ein Licht auf die positiven Aspekte von Deutsch-Südwestafrika zu werfen, wird zwangsläufig entgegnet: »Was ist mit den Herero und Nama?« Also – was ist mit ihnen?

Deutsche Missionare, Händler und Siedler erreichten im 19. Jahrhundert das Gebiet nördlich der britischen Kapkolonie und fanden dort ein Land vor, das in jeder Beziehung gesetzlos und gewalttätig war. Die unterschiedlichen Volksgruppen lebten hier in fließenden Gebieten ohne klar umrissene Grenzen.[29] Das heutige Namibia war *lange vor* der Ankunft der Deutschen

29 Gregor Dobler, »Boundary-Drawing and the Notion of Territoriality in Pre-Colonial and Early Colonial Ovamboland«, *Journal of Namibian Studies* (2008).

ein gefährlicher Ort voller Rinderdiebe, Sklaventreiber und Krieg.

Vor allem die Herero und Nama gerieten in ständigen Konflikten über Weideland und Revier gewaltsam aneinander.[30] An einem einzigen Tag, dem 23. August 1850, massakrierten die Nama ein Fünftel aller Herero an einem Ort, der heute noch Mordkuppe heißt.[31] Die gegenseitige Feindschaft der beiden großen Volksgruppen und die Tradition der Vieh- und Sklavenraubzüge existierte lange vor der Ankunft der ersten Europäer. Zwei tansanische Forscher kommentierten das Fehlen aller solcher Diskussionen vorkolonialer Gewalt in Afrika folgendermaßen: »Nach 50 Jahren der Unabhängigkeit sollte es Afrikanern gestattet sein, die Gräueltaten von Afrikanern gegen Afrikaner zu thematisieren.«[32]

Der Kontakt mit europäischen Händlern hat diese bestehenden Feindschaften bestärkt, aber nicht verursacht. Die Herero begannen sich mit der Ankunft der Händler zu bewaffnen. Henrichson nannte das Resultat eine »Waffengesellschaft«.[33] Dieser Waffenhandel wurde durch deutsche Gesetzgebung 1884 unterbunden, sobald die offizielle deutsche Verwaltung eingerichtet war. Der Druck auf die halbnomadische, abgeschiedene

30 Michael Bollig and Jan-Bart Gewald, *People, Cattle and Land: Transformations of a Pastoral Society in Southwestern Africa* (2000).

31 Bruce Biber, *Intertribal War in Pre-Colonial Namibia* (1989), S. 238.

32 Eginald Mihanjo and Oswald Masebo, »Maji Maji War, Ngoni Warlords, and Militarism in Southern Tanzania: A Revisionist View of Nationalist History«, *Journal of African Military History* (2017), S. 70.

33 Dag Henrichsen, »Ozombambuse and Ovasolondate: Everyday Military Life and African Service Personnel in German South West Africa«, in *Hues Between Black and White: Historical Photography from Colonial Namibia 1860s to 1915* (2004).

Lebensweise der beiden Gruppen nahm jedoch nicht ab. Als die deutschen Siedler sich auf die Suche nach Weideland machten, waren die Herero nur zu gerne bereit, ihr Land zur Verfügung zu stellen, Partner der deutschen Siedler bei der Modernisierung der Landwirtschaft zu werden, und nach der Entdeckung von Bodenschätzen Eisenbahnen zu bauen.[34] Eine der merkwürdigsten Ergebnisse war die dauerhafte Liebe der Herero für deutsche Militäruniformen. Diese Zusammenarbeit gab den Herero auch einen strategischen Vorteil gegenüber den Nama. Das gefährliche Gebräu einer anarchischen Landnahme durch gierige Siedler, die auf bewaffnete Eingeborene trafen, machte die amtlich geregelte Kolonialverwaltung zur besten Option in diesen Jahren der Ankunft der Moderne.

Irgendwann wäre das Zeitalter der Moderne so oder so gekommen. Die Umzäunung von Weideland und der Eisenbahnbau zur Rohstoffgewinnung waren unvermeidbar, egal welche Herrschaft obsiegte, die einheimische oder koloniale. Es gibt kein realistisches Szenario, nach dem die Herero und Nama auf alle Ewigkeit in pastoraler Idylle weiterleben, ihre fetten gesunden Rinder hüten und gemeinsame, multiethnische Grillabende hätten veranstalten können. Wirtschaftliche Globalisierung, moderne Gesundheitsfürsorge, Rinderkrankheiten, Sicherheitsbedrohungen, die Kommunikationsrevolution und vieles mehr würde keinen Bogen um Namibia ma-

[34] Dag Henrichsen, »Pastoral Modernity, Territoriality and Colonial Transformations in Central Namibia, 1860s-1904«, in *Grappling With the Beast: Indigenous Southern African Responses to Colonialism, 1840-1930* (2010).

chen, komme was wolle. Die Frage war nur, in welcher Form die Moderne Einzug halten würde.

Selbst im unwahrscheinlichen Fall, dass in diesem Land eine unabhängige, multi-ethnische einheimische Regierung entstanden wäre, hätte sie sich denselben Versuchungen stellen müssen – Land zu verkaufen, einen Rindermarkt zu schaffen und Eisenbahnkonzessionen anzubieten, deren Erlöse theoretisch allen zugutekommen konnten. Aber eine geeignete lokale Regierungsinstanz existierte gar nicht. Die wahrscheinlichere Alternative zur deutschen Kolonialherrschaft war die Kolonialherrschaft einer anderen europäischen Großmacht oder eine Privatkolonie unter Federführung der »Deutschen Kolonialgesellschaft für Südwest-Afrika«.

Die deutschen Siedler waren jedoch nicht die Caritas, und das war auch gut so. Wie alle Menschen waren sie vom Eigennutz angetrieben, der bei richtiger Regierung auch den Einheimischen von Nutzen gewesen wäre. Die Markt- und Handelswirtschaft war sowohl für die Herero wie für die Nama eine große Umstellung. Zuerst schien die deutsche Kolonialherrschaft den Übergang einfacher zu machen. Der Anführer der Herero, Samuel Maherero, der an einer deutschen Missionarsschule ausgebildet worden und mit Hilfe der Deutschen an die Macht gekommen war, konnte bessere Bedingungen für Grundpacht und Arbeitslöhne aushandeln. Der Anführer der Nama, Hendrik Witboi, hatte eine ähnliche Mittlerrolle inne. Seit 1898 arbeitete der deutsche Gouverneur mit beiden Stammesführern zusammen, um die Landnahme durch die Siedler zu begrenzen und die Einheimischen zu verteidigen.

Von links nach rechts: der Nama-Führer Hendrik Witboi, Gouverneur Theodor Leutwein und der Herero-Führer Samuel Maherero im Jahr 1904. (Bundesarchiv)

In der Frühphase der deutschen Besiedlung und Kolonisierung ging es den Herero und Nama objektiv besser. Sie betrachteten diesen Prozess dementsprechend wohlwollend als legitim. Als in den Jahren 1896/7 ein Rinderpestausbruch die halbe Herde der Herero dahinraffte, ergriff die deutsche Kolonialverwaltung sofort Gegenmaßnahmen: Eine Quarantänezone trennte Hereroland vom nördlichen Ovamboland, entlang der eine 550 Kilometer lange Linie von Militärposten errichtete wurde. Ohne Lohn und Nahrung von den deutschen Siedlern wäre ein Großteil der Herero aufgrund der Rinderpest sicher verhungert. Die Nama oder andere Volksgruppen hätten kaum Suppenküchen für sie eingerichtet. Mehr als alles andere war diese Epidemie der Schlüsselmoment, der »die Totenglocke für die Unabhängigkeit der Herero insgesamt läutete«, wie der weltweit führende Herero-Experte, Jan-Bart Gewald, sagte.[35] Die Herero spalteten sich in Gruppen, und eine Gruppe unter der Führung von Samuel Maherero begann anderen Herero ihr Vieh zu rauben[36], deren Abhängigkeit von der deutschen Kolonialverwaltung und Landwirtschaft dadurch zunahm.

Die deutschen Siedler ersuchten die Reichsregierung in Berlin, schnellere Landnahme zu ermöglichen, um drohende Hungersnöte abzuwenden. In den Jahren 1903/4 setzte Berlin die Besiedlungsbegrenzung des Gouverneurs aus und die Zahl der Siedler stieg rasch auf 14 000 an. Das war ein politscher Fehler der Reichsregierung, denn sie ließ die Auswirkungen der Landnahme auf die Herero und Nama außer Acht. Die Kolonialverwaltung vor Ort protestierte entschieden, aber ohne Erfolg. Als die Lebensbedingungen für die Herero und Nama unerträglich wurden, rebellierten sie. Als deutsche Truppen im Herbst 1903 im Süden der Kolonie für Ordnung sorgten, erhoben sich die Rebellen, griffen Farmen, Höfe und Missionen an, sabotierten Telegrafenleitungen und Eisenbahnlinien. Am ersten Tag des Aufstands wurden 123 Deutsche getötet.

Nach dem ersten Aufstand wäre die vordringlichste Aufgabe für die deutsche Kolonialverwaltung die Wiederherstellung von Sicherheit und Ordnung, die Umkehr der Landnahme und die Besänftigung der Konflikte zwischen

35 Jan-Bart Gewald, *Towards Redemption: A Socio-Political History of the Herero of Namibia between 1890 and 1923* (1996), S. 168.

36 Jan-Bart Gewald, *Herero Heroes: A Socio-Political History of the Herero of Namibia, 1890–1923* (1999), S. 125–128.

den einzelnen Gruppen gewesen. Stattdessen beging die Reichsregierung einen weiteren politischen Fehler, als sie einen abgehärteten Kriegsveteranen von außerhalb einsetzte, um durchzugreifen. Kaiser Wilhelm II. schickte General Lothar von Trotha nach Deutsch-Südwest und setzte sich damit über den Widerstand des Reichskanzlers, des Kriegsministers und des Leiters der Kolonialabteilung im Auswärtigen Amt hinweg.[37]

Kurz zuvor hatte von Trotha dem chinesischen Gouverneur der Provinz Shandong bei der Niederschlagung des Boxeraufstandes geholfen. Im Aufstand der Herero sah er eine ähnlich große und schwerwiegende Bedrohung. Er befahl den Herero, die Kolonie in Richtung des benachbarten britischen Bechuanaland zu verlassen (dem heutigen Botsuana), dessen Herrscher ihnen seit 1896 die Niederlassung erlaubt hatte.[38] Bis zum Ende des Aufstands 1906 starben 75 Prozent der Hererobevölkerung in der Kolonie aufgrund von Exil, Krieg, Hunger, Vergiftung, Durst oder Gefangenschaft.[39] Von 80 000 Herero in Südwest überlebten gerade 20 000. Am Anfang kämpfen die Nama mit den Deutschen gegen die Herero, wandten sich dann aber gegen sie. Die Nama ergaben sich 1907, mit einem ähnlichen Befehl konfrontiert, als ihre Bevölkerung von 20 000 auf 10 000 dezimiert war.

Das Ausmaß der Gewaltausübung durch von Trotha war der Bedrohung nicht angemessen. Er wurde gerügt, abberufen und seine Politik beendet. Heinrich Schnee

37 Susanne Kuss, *Deutsches Militär auf kolonialen Kriegsschauplätzen* (2010), S. 42.

38 Frank Robert Vivelo, »The Entry of the Herero into Botswana«, *Botswana Notes and Records* (1976), S. 40.

39 Woodruff Smith, *German Colonial Empire* (1978), S. 54.

schrieb 1926: »Bei der Niederschlagung des Aufstands wurden militärische Mittel angewandt, die von der Reichsregierung nicht genehmigt und offiziell verurteilt wurden.«[40]

Weder waren sie offiziell genehmigt, noch zielten sie auf einen Völkermord. Susanne Kuss, Privatdozentin an der Universität Bern, schrieb: die Befehle »entstanden völlig unabhängig von irgendeiner bewussten Entscheidung für oder gegen eine Strategie des rassisch motivierten Völkermords«. Von Trotha, schrieb sie, »wollte keine Situation herbeiführen, in der die Herero durch negative äußere Einwirkungen einem langsamen Tod ausgesetzt sein würden«.[41] Seine Absicht war vielmehr, die Herero des Landes zu verweisen und die Nama zu besiegen, die sich ergeben durften. Zu den Voraussetzungen für einen Völkermord zählen sowohl der Vorsatz wie die bewusste Entscheidung, eine bestimmte Volksgruppe auszulöschen. Beide waren in diesem Fall nicht gegeben.

Im Jahr 1910 wurde der fortschrittliche Gouverneur von Deutsch-Kamerun, Theodor Seitz, nach Südwest beordert, um den Scherbenhaufen aufzuräumen, den von Trotha hinterlassen hatte. Er versuchte, die Täter zur Rechenschaft zu ziehen.[42] Er versprach, »den Eingeborenen die Zuversicht zurückzugeben, dass sie vor den gewalttätigen Exzessen Einzelner gefeit sein werden«.[43] 1910 erholte sich die Bevölkerung der Kolonie

40 Heinrich Schnee, *German Colonization, Past and Future* (1926), S. 117.

41 Susanne Kuss, *German Colonial Wars*, S. 74, 47.

42 Woodruff Smith, *German Colonial Empire*, S. 45.

43 William Otto Henderson, *The German Colonial Empire, 1884-1919* (1993), S. 114.

bereits wieder, doch die verbliebenen Einheimischen waren den Deutschen gegenüber durchweg feindlich eingestellt. Als der Erste Weltkrieg ausbrach, wurde die Kolonie also nur von den etwa 15 000 deutschen Siedlern verteidigt. Ohne die Unterstützung der Einheimischen wurden die Deutschen 1915 rasch von den britischen Streitkräften aus Südafrika überwältigt.

Der Konflikt mit den Herero und Nama war für alle Beteiligten eine Tragödie. Er war ein ungeplanter Ausreißer, der im Widerspruch zur üblichen deutschen Kolonialpolitik stand. Deshalb ist es auch wichtig anzumerken, dass Deutsch-Südwestafrika nur einen winzigen Teil der deutschen Kolonialgeschichte ausmacht. In Menschenlebensjahren gemessen – also die Anzahl der Einwohner unter deutscher Kolonialherrschaft mal der Dauer dieser Herrschaft in Jahren – macht Deutsch-Südwestafrika nur ein bis zwei Prozent der deutschen Kolonialzeit aus. Wenn die Tragödie von Deutsch-Südwest ein Ausdruck oder unvermeidliches Ergebnis der deutschen Kolonialpolitik gewesen sein sollte, wäre dieser geringe Anteil an der gesamten deutschen Kolonialära jedoch nicht ausschlaggebend, denn sie wäre das untrügliche Anzeichen, dass im Kern des deutschen Kolonialismus etwas grundsätzlich faul gewesen sein muss. Das ist jedoch nicht der Fall. Eine Gesamtbewertung des deutschen Kolonialismus sollte genauso wenig Geisel der Herero und Nama sein wie der britische Kolonialismus in Indien nur anhand der tragischen und kriminellen Handlungen eines einzigen britischen Offiziers bewertet werden sollte, der seinen Truppen 1919 befohlen hat, auf Demonstranten in Indien das Feuer zu eröffnen und 400 zu töten. Dieser Offizier wurde ähnlich wie von Trotha gerügt, abberufen, bestraft und sogar ermordet. Die Tragödie der Herero und Nama war weder systembedingt noch unvermeidbares Ergebnis der deutschen Kolonialpolitik.[44]

Forscher, die diese Tragödie zum Wesensmerkmal des deutschen Kolonialismus erheben wollen, wissen vermutlich sehr wohl, dass sie diese Stellung nicht verdient. Oberfoltermeister Jürgen Zimmerer entlarvte wohl unabsichtlich diese Tatsache, als er im Interview mit dem *Spiegel* 2016 Lothar von Trotha entlastete, indem er sagte, dass von Trotha, »nach heutigen Kriterien ein Kriegsverbrecher war... Heute würde er vor Gericht gestellt werden«.[45] Klar: Nach heutigen Kriterien wären wohl alle afrikanischen Herrscher, vor und nach der Kolonialzeit, Kriegsverbrecher, die vor Gericht gestellt werden sollten. Zimmerer nennt von Trothas Verbrechen in einem Atemzug mit anderen »Verbrechen« unserer Zeit, so wie die Nutzung fossiler Brennstoffe oder die ungleiche Stimmverteilung in den Vereinten Nationen. Die anachronistische Anwendung des modernen ideologischen Filters eines einzelnen, extremistischen Akademikers, um die koloniale Vergangenheit zurechtzuweisen, spricht ein verheerendes Urteil über die Unfähigkeit der mei-

44 Robert Gerwarth and Stephan Malinowski, »Hannah Arendt's Ghosts: Reflections on the Disputable Path from Windhoek to Auschwitz«, *Central European History* (2009).

45 Uwe Klußmann und Dietmar Pieper, »Konzept des rassistischen Terrors: Ist die koloniale Vergangenheit wirklich vergangen? Ein Interview mit dem Historiker Jürgen Zimmerer«, 06.03.2016.

sten Kolonialforscher, ihre Aufgabe zu erfüllen: die Vergangenheit zu verstehen.

Im selben Interview erklärte Zimmerer jeden Versuch weißer Europäer, die koloniale Vergangenheit zu beurteilen, vor allem nach wissenschaftlichen Standards, ebenfalls zu einer Form des Kolonialismus – die Arbeit des Herrn Professor Doktor Zimmerer natürlich ausgenommen. Wenn Stimmen der Vernunft sich gegen die überlieferten Orthodoxien zum Krieg mit den Herero und Nama erheben, so wie ich es im Dezember 2019 in Berlin getan habe, wird sofort ein Ende aller ergebnisoffenen, wissenschaftlichen Forschung gefordert.

»Dass ein so wichtiges Thema wie die Aufarbeitung des kolonialen Erbes nun in die Niederungen der Parteipolitik wird (sic), ist auch ein Verschulden des Zögerns von Bundesregierung und Bundestag, den Kolonialismus klar als Verbrechen gegen die Menschheit zu verurteilen und den Genozid an den Herero und Nama anzuerkennen«[46], kritisiert Zimmerer in der *Frankfurter Allgemeinen Zeitung* meinen Vortrag, ohne ihn gehört zu haben. Eine persönliche Einladung zur Teilnahme schlugen sowohl Zimmerer wie Faz-Journalist Oliver Georgi aus. Zimmerer sperrte auf Twitter alle kritischen Fragesteller. Nach dieser Weltsicht muss die Kolonialgeschichte »verurteilt« und »anerkannt«, nicht aber erforscht und hinterfragt werden. Das sind die heutigen »Niederungen« der akademischen Forschung.

Als der Anführer der Herero Samuel Maharero 1923 starb, hielten die Herero ein deutsches Militärbegräbnis

46 *Frankfurter Allgemeine Zeitung*, 28.11.2019 »AfD und deutsche Kolonialzeit; Danke für die Unterdrückung!« von Oliver Georgi.

für ihn ab und gaben sich durch und durch als deutsche Reichsbürger. Offenbar hatten sie ihre politisch korrekten Marschbefehle von linksradikalen deutschen Akademikern nicht erhalten, die ihnen erklärten, sie sollten den deutschen Kolonialismus in Bausch und Bogen verurteilen und sich zu ewigen Opfern von Trothas erklären. Erst als die Zeitzeugengeneration verstorben war, die von der »Gutmenschen-Enkelgeneration« ersetzt wurde, gaben beide Gruppen ihren letzten Rest Eigenverantwortung auf und beschlossen stattdessen, vor US-Gerichten und auf deutschen Akademikerkonferenzen radikaler weißer Professoren Wiedergutmachung zu fordern. Auf diese Weise sollte sich die Geschichte der Herero und Nama fortan auf immer und ewig um den weißen Mann und seine Suche nach vermeintlicher moralischer Überlegenheit mittels Schuldkult drehen. Wir werden später noch auf diese rassistische Dimension der heutigen, antikolonialen Agenda zu sprechen kommen.

Kapitel 3: Erfolgsgeschichte Ostafrika

Wenn wir den deutschen Kolonialismus anhand des Landes beurteilen wollen, wo der Großteil dieser Kolonialzeit stattgefunden hat, sollten wir vor allem Deutsch-Ostafrika betrachten. Diese Kolonie von acht Millionen Menschen, die sich Großteils über dem heutigen Tansania erstreckt (sowie Teile von Ruanda, Burundi, Kenia und Mosambik umfasst) machte ungefähr 57 Prozent und damit den Löwenanteil der deutschen Kolonialgeschichte aus.

Warum hören wir so wenig über Deutsch-Ostafrika? Aus einem einfachen Grund: Es war ohne Zweifel die größte Erfolgsgeschichte der deutschen Kolonialzeit und brachte Stabilität und Wohlstand in eine Region, die lange von inneren Konflikten und vom Sklavenhandel gebeutelt war. Die Deutschen genießen dort bis heute ein erstaunlich hohes Ansehen unter den Einheimischen. Deutsche können zu Recht stolz sein auf dieses seltene Beispiel von »Entwicklungshilfe in der Dritten Welt«, das tatsächlich Früchte getragen hat.

Der Held dieser Erfolgsgeschichte ist Carl Peters, ein Bilderbuch-Abenteurer, der im Jahr 1884 innerhalb weniger Wochen 25 Verträge mit einheimischen Häuptlingen unterzeichnete, die dem Deutschen Reich Kolonialgebiete der Größe Indiens einbrachten. Diese Region war lange durch einige starke Stämme dominiert, die die Schwächeren ausraubten und versklavten. Dementsprechend begeistert waren die schwächeren Gruppen von der Ankunft der Deutschen. »Er hat sie willkommen geheißen. Sie wollten doch nur neben ihm wohnen, warum sollte er sie ablehnen?«, so ein Stammesältester der Luguru 1968 zu einem Forscher in einem Interview über die positive Reaktion des damaligen Häuptlings auf die deutsche Herrschaft, die den permanenten Überfällen ihrer Nachbarn, den Mbunga, ein Ende setzte.[47]

Bismarck rümpfte anfangs die Nase über diese neuen Verpflichtungen: »Ich will nichts von neuen Landgewinnen hören, ich will wirtschaftliche Erfolge in Ostafrika sehen.«[48] 1890 gab Bismarck schließlich nach und entsandte eine offizielle Delegation der Reichsregierung, um diese Privatkolonie zu übernehmen.

In den feudalen Königreichen Ruanda und Burundi gab der deutsche Verwalter einfach den bestehenden Stammesoberhäuptern seinen Segen. Rückblickend betrachtet wäre es beiden Regionen besser ergangen, wenn die Kolonialherren diese vormodernen Herrschaftsformen durch moderne Zivilgesellschaftsformen ersetzt hätten. In Küstennähe verbündeten sich die Deutschen mit den Einheimischen gegen den Widerstand der Sklaventreiber. In der Tat waren die deutschen Regierungsformen in Ostafrika in erster Linie durch ihren Friedenswillen motiviert und nicht durch die »wirtschaftlichen Erfolge«, die Bismarck wollte.[49] Heinrich Schnee, der große Fürsprecher der

47 Thaddeus Sunseri, »Statist Narratives and Maji Maji Ellipses«, *International Journal of African Historical Studies* (2000), S. 567.

48 Fritz Ferdinand Müller, *Deutschland-Zanzibar-Ostafrika. Geschichte einer deutschen Kolonialeroberung 1884–1890* (1959), S. 222.

49 Jan Pierskalla, Alexander De Juan, and Max Montgomery, »The Territorial Expansion of the Colonial State: Evidence from German East Africa 1890–1909«, *British Journal of Political Science* (2019).

deutschen Kolonialgeschichte, der seine Karriere in den deutschen Schutzgebieten in der Südsee begann, ehe er 1912 Gouverneur von Ostafrika wurde, schrieb dazu: »Schwere Kämpfe waren nötig, ehe die Deutschen Frieden herstellen konnten.«[50]

Nachdem sie diesen Frieden geschlossen hatten, sorgten die Deutschen als nächstes für eine gute Verwaltung und eine wirtschaftliche Blüte. Eine 1.250 km lange Bahnlinie verband den Tanganyika-See mit Dar-es-Salaam, heute noch die wirtschaftliche Hauptachse von Tansania (und Verbindung nach Sambia). Im Vergleich dazu wurden durch die 1.860 km lange »Freiheitsbahn« nach Sambia, die 1975 vom kommunistischen China fertiggestellt wurde, unzählige Einheimische aus ihren Dörfern vertrieben. Die Bahnlinie wurde in beiden Ländern zu einem Instrument staatlicher Unterdrückung. Sie transportierte immer nur jeweils etwa ein Viertel ihrer Kapazität, war oft wegen schlechter Ingenieursleistung außer Betrieb und brauchte 1981 neue Lokomotiven. Diese Zugmaschinen kamen nicht mehr aus China, sondern aus Deutschland.[51]

Die wenig gefeierte, deutsche Kolonialeisenbahn war nicht nur ein wirtschaftlicher Erfolg, sondern ermöglichte auch die geografische Erschließung von Ostafrika, seiner Vegetation, seiner Rohstoffe und vielfältigen Gesellschaften. Möglich wurde das durch den deutsch-englischen Eisenbahningenieur Clement Gillman, der in seinen vielen Veröffentlichungen den

50 Heinrich Schnee, *German Colonization: Past and Future* (1926), S. 113.

51 Michael Gleave, »The Dar es Salaam Transport Corridor: An Appraisal«, *African Affairs* (1992).

Zusammenhang zwischen den verschiedenen Orten und ihren Eigenschaften hervor, während er tagsüber zur Vermessung neuer Eisenbahnstrecken schritt.[52] Gemeinsam mit dem Leipziger Professor Hans Meyer[53], dem Erstbesteiger des Kilimandscharo, kann man wirklich sagen, dass diese deutschen Forscher der deutschen Kolonialära das Land Tansania erst erschufen. Die maoistischen Kader aus China hatten dagegen kein Interesse an der einheimischen Kultur. Was sie interessierte war, aus dem Land einen stalinistischen Albtraum zu machen.

Für die Umweltbewussten unter uns ist es vielleicht von Interesse, dass der deutsche Kolonialismus sowohl das Wissen produziert als auch die Regelungen ermöglicht hat, die die Urwälder und Wildtiere des heutigen Tansania, Ruanda und Burundi schützen.[54] 1896 erließ Gouverneur Herman von Wissman Gesetze, um die Wilderei auf Elefanten zu verbieten und die ersten Wildreservate zu schaffen. Der Naturkundler Carl Georg Schillings schlug die Naturschutzparks vor, die letztlich unter den Briten die Naturreservate Selous und Serengeti werden sollten. Im Jahr 1900 riefen Berlin und London zur *Konferenz zum Schutz von Wildtieren, Vögeln und Fischen in Afrika,* wo sie die sogenannte Londoner Konvention formulierten, eine der ersten Naturschutzkonventionen der Welt. Der berühmte Film *Serengeti darf nicht sterben* (1959) des deutschen Naturkundlers und Frankfurter

52 Brian Hoyle, »Gillman of Tanganyika, 1882–1946: Pioneer Geographer«, *Geographical Journal* (1986).

53 Hans Meyer, *Das Deutsche Kolonialreich: eine Landerkunde der Deutschen Schutzgebiete: Ostafrika und Kamerun* (1909).

54 Bernhard Gissibl, *The Nature of German Imperialism: Conservation and the Politics of Wildlife in Colonial East Africa* (2016).

Zoodirektors Bernhard Grzimek, der den Wildpark Serengeti vor Besiedlung und Aufspaltung nach der Unabhängigkeit Tansanias bewahren wollte, war ein spätes Erbe dieser Hinterlassenschaft. Der Film war der erste deutsche Oscar-Gewinner und wurde von Kritikern und Zuschauern gleichermaßen gefeiert.

Da alle diese guten Taten in der Kolonialzeit geschahen, müssen Kolonialforscher sie mit Verachtung und Verdacht strafen. So werden sie nicht als engagierte Versuche wahrgenommen, die Natur zu schützen, sondern als Unterdrückungsmaßnahmen gegenüber den hilflosen afrikanischen Dschungelbewohnern, die so zur Zwangsarbeit verpflichtet werden konnten. Statt einer ehrlichen Sorge um die Natur Ostafrikas entsprangen sie nach diesem Deutungsmuster nur den ungelösten psychologischen Problemen des weißen deutschen Mannes.

Grzimeks Klassiker und Oscargewinner wird beschuldigt, Riefenstahl-artige, herrenmenschliche Luftaufnahmen zu verwenden[55], die »einen abschätzigen, vermessenden Blick über die noch zu erobernden Kolonialgebiete darstellen«.[56] Genauso könnte man jeden Filmemacher, der Flug- oder Drohnenaufnahmen verwendet, beschuldigen, ein heimlicher Nazi oder Imperialist zu sein. Jeder halbwegs gebildete Mensch kann durch diese intellektuellen Verrenkungen hindurchsehen. Die einfache Wahrheit ist, dass die Deutschen da-

55 Vinzenz Hediger, »Das Tier auf unserer Seite: Zur Politik des Filmtiers am Beispiel von Serengeti darf nicht sterben«, in *Politische Zoolgie* (2007).

56 Tobias Boes, »Political Animals: ›Serengeti Shall Not Die‹ and the Cultural Heritage of Mankind«, *German Studies Review* (2013), S. 51.

mit die Grundlagen für den künftigen Umweltschutz in Tansania gelegt haben. Ohne diese deutsche Vorarbeit wäre der horrende ökologische Verfall im postkolonialen Tansania noch schlimmer ausgefallen.

Im Gegensatz zu Deutsch-Südwest wurde in Ostafrika die Landnahme durch Siedler beschränkt, um den Einheimischen die Möglichkeit zu geben, ihre Landwirtschaftskapazitäten selbst auszubauen. Zwischen 1894 und 1913 verdreifachte sich der einheimische landwirtschaftliche Umsatz, nachdem die deutschen Kolonialherren den Zugang zu landwirtschaftlichen Neuerungen und internationalen Märkten gebracht hatten.[57] Wohlhabende, stabile Kaffeekönigreiche entstanden an Orten wie Buhaya, einem ehemals konfliktbeladenen Sklavenreich.[58] Marcia Wright, Historikerin an der Columbia University, schrieb: »Dampfkraft löste Träger ab, landwirtschaftliche Kultivierung ersetzte Raubzüge und Plünderungen.«

Die Kolonialverwaltung setzte derweil ihre Priorität auf Bildung. Von 1902 bis 1914 eröffneten sie 99 öffentliche Schulen – 10 Mittelschulen und 89 Grundschulen – die 6100 Schüler aller Rassen unterrichteten, zusätzlich zu den etwa 1800 Missionarsschulen, die 108 000 Schüler unterrichteten. »Die Deutschen haben Wunder vollbracht«, gab ein Bericht der Briten 1924 über die Bildungserfolge der Deutschen zu.[59] Die Bildungspolitik

57 Mary Evelyn Townsend, *The Rise and Fall of Germany's Colonial Empire, 1884–1918* (1966), S. 269.

58 Ralph Austen, *Northwest Tanzania Under German and British Rule: Colonial Policy and Tribal Politics, 1889–1939* (1968), S. 93-100.

59 Thomas Jesse Jones, *Education in East Africa: A Study of East, Central and South Africa by the Second African Education Commission* (1924), S. 178.

war ein Symptom einer pro-Einheimischen Politik der deutschen Kolonialverwaltung, die manchen Siedler verärgerte. Wright schrieb: »Im Nachhinein betrachtet scheint dies ein für seine Zeit außergewöhnliches Investment einer Kolonialverwaltung in die intellektuellen und damit die politischen Fähigkeiten eines Untertanenvolkes zu sein.«[60]

Der Kampf gegen die Sklaverei war bei der Entscheidung, Ostafrika offiziell unter Kolonialverwaltung zu stellen, ausschlaggebend. Das Verbot des Sklavenhandels und der Sklavenraubzüge schränkte die Aktivität der Sklavenhändler massiv ein. Der liberale Gouverneur von Ostafrika, Julius von Soden, bemerkte 1891, dass eines der größten Hindernisse bei der Abschaffung der Sklaverei gewesen sei, dass viele Sklaven nicht befreit werden wollten. Für viele war es so bequemer, als als freie Arbeitskraft auf den Plantagen für den eigenen Unterhalt sorgen zu müssen.[61] Im Jahr 1904 erklärte der Reichskanzler alle Kinder von Sklaven, die nach 1906 geboren wurden, zu freien Menschen. Zwischen 1891 und 1912 wurden dazu 52 000 Sklaven durch legale, soziale, und finanzielle Mittel befreit.[62] Also etwas mehr als ein befreiter Sklave für jedes Wort, das Sie in diesem Buch lesen.

Durch diese Bemühungen, zusammen mit dem kapitalistischen Wirtschaftswachstum, das die Befreiung

60 Marcia Wright, »Local Roots of Policy in German East Africa«, *Journal of African History* (1968), S. 629.

61 »Bericht des Lieutenants Sigl über den Sklavenhandel«, *Deutsches Kolonialblatt* (1. Dezember 1891); siehe auch Jan-Georg Deutsche, *Emancipation Without Abolition in German East Africa, c. 1884–1914* (2006).

62 Thaddeus Sunseri, »Slave Ransoming in German East Africa, 1885–1922«, *International Journal of African Historical Studies* (1993), S. 490–495.

von Sklaven einträglich machte, fiel die Zahl der Sklaven in Ostafrika während der deutschen Kolonialherrschaft von etwa einer Million 1890 auf 200 000 im Jahr 1914. Die Sklaverei sollte bis zu den 1920er Jahren völlig verschwinden. Einer dieser befreiten Sklaven war Martin Ganisya, der es an der evangelischen Missionarsschule in Dar-es-Salaam zum Lehrer brachte: »*Der vorherige Zustand der Kolonie war einer des fortgesetzten Unrechts. Jetzt herrscht Frieden allenthalben*«, schrieb er in 1910.[63] 2017 schrieben zwei Forscher aus Tansania, »Die althergebrachte Sorge um persönliche Sicherheit vor Sklavenhändlern und vor Stammeskriegen wich einer neuen Normalität, und andere Sorgen rückten in den Vordergrund, wie Raubtierangriffe, die Verstetigung von Handelsbeziehungen, eingeschleppte Krankheiten und das Bevölkerungswachstum in den Dörfern und Siedlungen.«[64]

Bei der Reichstagsdebatte zum Kolonialhaushalt 1914 wurden weitreichende Reformen verabschiedet, die sich speziell zugunsten der Kolonialbevölkerung auswirken sollten: in Medizin und Pflege, medizinischer Ausbildung, Eigentumsrechten, Schutz vor Ausbeutung von Arbeitern, Gesundheitsfragen, Mindestlöhne und Arbeitszeitbegrenzung.[65] Woodruff Smith nannte die Resolution »die umfassendste Erklärung durch eine Kolonialmacht seiner selbstauferlegten Verantwortung gegenüber den Kolonialvölkern und der Begrenzung

63 John Iliffe, *Tanganyika Under German Rule, 1905-1912* (1969), S. 27.

64 Eginald Mihanjo and Oswald Masebo, »Maji Maji War, Ngoni Warlords, and Militarism in Southern Tanzania: A Revisionist View of Nationalist History«, *Journal of African Military History* (2017), S. 63.

65 Reichstag. *Verhandlungen: 13 Legislaturperiode, 1. Sess. Anlagen zu den stenographischen Berichten*, 304, Nr. 1421 (1914).

der Ausübung der Kolonialmacht.«[66] Die Vorkehrungen der Resolution für die einheimische Bevölkerung »gingen weiter als alle anderen kolonialen Unternehmungen seiner Zeit«, schrieb der Wirtschaftswissenschaftler der Stanford-Universität Lewis Gann.[67] Die Briten übernahmen eine Kolonie, in der der Begriff »afrikanische Beamte« völlig ironiefrei benutzt werden konnte: Es gab dort tatsächlich spezialisierte einheimische Beamte mit der Fähigkeit und Befugnis, die Funktionen des modernen Staates auszuführen.[68]

Angesichts solcher objektiven Beweise fliehen die kolonialkritischen Forscher in postmoderne Ausflüchte: Sie behaupten, alle derartigen Reformen und Verbesserungen seien nur eine weitere Form der »Gewalt«, eine Art Misshandlung durch Wohlwollen. Wie Eva Bischoff der Universität Trier in typisch verquastem Akademikersprech schreibt: »Anstatt durch das Schwert zu herrschen, suchten deutsche Kolonialbeamte die Lebensumstände der einheimischen Bevölkerung zu beherrschen, zu bestimmen und zu optimieren.«[69] So wird zum Beispiel der Bau von Krankenhäusern zu einem teuflischen Plan, um Versuchsobjekte für gefährliche wissenschaftliche Experimente zu beschaffen und die einheimischen Medizinmänner durch böse west-

66 Woodruff Smith, *The German Colonial Empire* (1978), S. 159.

67 Lewis Gann, »Marginal Colonialism: The German Case«, in *Germans in the Tropics: Essays in German Colonial History* (1987), S. 15.

68 Andreas Eckert, *Herrschen und Verwalten: Afrikanische Bürokraten, staatliche Ordnung und Politik in Tanzania, 1920–1970* (2007).

69 Eva Bischoff, »Acting Cannibal: Intersecting Strategies, Conflicting Interests, and the Ambiguities of Cultural Resistance in Iringa, German East Africa«, in *German Colonialism Revisited: African, Asian, and Oceanic Experiences* (2014), S. 214.

liche »Schulmedizin« zu ersetzen. Dann beschwört sie den Schutzheiligen des postmodernen akademischen Blödsinns, den französischen Oberguru Michel Foucault, um die Behauptung zu unterfüttern, dass alle guten Absichten der deutschen Kolonialherren eigentlich bösartig waren. Wenn Foucault der Einzige ist, worauf Kolonialkritiker sich noch berufen können, dann hat der deutsche Kolonialismus gewonnen.

An diesem Punkt rollt der überzeugte Kolonialkritiker gelangweilt die Augen und stöhnt. Und was ist mit den Nilpferdpeitschen, elitären Kolonialklubs und der sexuellen Ausbeutung des »Anderen«? All das Gerede von sozialen Reformen ist doch langweilig. Was ist mit Homoehe und kultureller Aneignung? Gemäß allgemeiner akademischer Mode sind deutsche Kolonialismusforscher heutzutage besonders daran interessiert, sexuelle Fantasien und Waschmittelwerbungen zu studieren. In einem Artikel aus dem Jahr 2010 mit dem Titel »Sex, Rasse und Imperium: Weiße männliche Sexualität und der ‚Andere' in den deutschen Kolonien 1894-1914« schrieb Daniel Walther vom Wartburg College in den USA über die Tatsache, dass es in Deutsch-Ostafrika sieben Mal so viele weiße Männer wie Frauen gab. Walthers bahnbrechendes Forschungsergebnis: die deutschen Männer hatten Sex mit einheimischen Frauen. Das ist seiner Meinung nach sehr böse, denn so wurde der Sex »zu einer Waffe in der europäischen Eroberung«. Und wieso? Weil einheimische Frauen deutsche Männer bevorzugten.

Dann offenbart uns Professor Walther einen weiteren unfassbaren Skandal: Es gab auch deutsche Männer in

Ostafrika, die *keinen Sex* mit einheimischen Frauen hatten. Das war auch sehr böse. Wieso? Es war natürlich ein weiteres Instrument der europäischen Eroberung. Die Bemühungen, den Sex mit Einheimischen einzudämmen, dienten demnach dazu »die deutsche Kontrolle über die koloniale Umgebung zu verstärken«.[70]

So richteten die Kolonialbehörden öffentliche Gesundheitssysteme, eine Volkszählung, allerlei Vorschiften und andere unsägliche Usancen der modernen Bürokratie ein, um den Sex mit Einheimischen zu begrenzen. Der Chefkerkermeister der Kolonialforschung Jürgen Zimmerer weiß ebenfalls, warum Beschränkungen des rassenübergreifenden Beischlafs rassistisch waren: Indem der schwarzen Frau der Zugang zu den Seraglios der weißen Kolonialherren verwehrt wurde, so Zimmerer, verwehrten ihnen die deutschen Imperialisten den Zugang zur europäischen Kultur.

»Damit hatte das biologistische Abstammungsprinzip jegliche zivilisationsmissionarische Deutung, wonach Afrikanerinnen und Afrikaner zu ›Europäern‹ ›erzogen‹ werden müssten, beiseite gedrängt«, beklagt Zimmerer[71], sonst eigentlich kein Fan des zivilisationsmissionarischen Impulses.

Diese Art intellektueller Persönlichkeitsspaltung – bei der die Kolonialisten böse sind, wenn sie etwas tun, und ebenso böse, wenn sie es nicht tun – findet sich auch in

70 Daniel Walther, »Sex, Race and Empire: White Male Sexuality and the ›Other‹ in Germany's Colonies, 1894–1914«, *German Studies Review* (2010), S. 45, 52, 46.

71 Jürgen Zimmerer, »Expansion and domination: History of European and German colonialism«, [https://www.bpb.de/apuz/146973/geschichte-des-europaeischen-und-deutschen-kolonialismus?p=all.

wissenschaftlichen Arbeiten zum Umgang deutscher Kolonialherren mit einheimischen Stammesgruppen und -anführern. In einer Arbeit aus dem Jahr 2010 schreibt Frank Schubert an der Universität Zürich, die deutsche Herrschaft habe den Tribalismus in Afrika verfestigt (rückblickend eine frappierend eurozentrische Behauptung). Das erklärt laut Schubert, warum die Kolonien nie ihre eigenen *nationalen* politischen Bewegungen entwickelten.[72] Nach Schubert ist die afrikanische Ethnizität eine westliche Erfindung – für jeden Afrikaner eine ziemlich überhebliche Behauptung. Aber Moment mal – Schubert muss eingestehen, dass seine Theorie auf Deutsch-Ostafrika nicht zutrifft, wo später die *Tanganyika African National Union* (TANU) die wichtigste politische Kraft wurde. Wie wir sehen werden, trifft seine Theorie auch nicht auf Deutsch-Togo zu. Höflich ausgedrückt: Wenn eine Theorie in zwei von vier Fällen nicht zutrifft, darunter dem wichtigsten Fall, trifft sie höchstwahrscheinlich gar nicht zu.

Andere Kolonialkritiker verfolgen eine andere Theorie: Nämlich, dass der deutsche Kolonialismus böse war, weil er die Stammeskultur *nicht* gefestigt hat, denn er versagte den Volksgruppen ihre eigenen Institutionen, Handlungsmöglichkeiten und politischen Parteien und zwang ihnen eine »westliche« Sicht auf nationale Bewegungen und den modernen Staat auf.[73] Dieses Argument ist nur eine Fantasie. Auch das am meisten ent-

72 Frank Schubert, »Das Erbe des Kolonialismus – Oder: Warum es in Afrika keine Nationen gibt«, in: Zeitgeschichte-online, June 2010 [https://zeitgeschichte-online.de/themen/das-erbe-des-kolonialismus-oder-why-there-africa-no-nations-].

73 George Ayittey, *Indigenous African Institutions* (2006).

wickelte einheimische Königreich im späteren Deutsch-Ostafrika, das Reich des Feldherrn Häuptling Mirambo, wurde auf Krieg, Plünderung und Sklaverei aufgebaut, und fiel nach seinem Tod 1884 sofort auseinander.[74]

Wenn die Herrschaft der Deutschen »Gewaltausübung« gegenüber traditionellen Herrschaftsstrukturen wie dem Reich Mirambos gewesen wäre, dann hätte diese zweifelsohne von den Arabern, Buganda und anderen unterdrückten Gruppen begrüßt werden müssen. In der Tat fielen solche einheimischen Machtgebilde typischerweise dann in sich zusammen, wenn diesen Gesellschaften von den Europäern ein überlegener Gegenentwurf präsentiert wurde.

Waren die Afrikaner mit der deutschen Herrschaft zufrieden? Erachteten sie sie als legitim? Neben solchen Zeitzeugenaussagen wie denen von Martin Ganisya haben wir als Beweismittel die unverbrüchliche Loyalität dutzender großer Stämme, die nicht nur in Afrika zu den Deutschen hielten, sondern auch in China und in der Südsee. Die beiden wichtigsten Häuptlinge in der Kaffeeregion Buhaya von Deutsch-Ostafrika, Häuptling Kahigi und Häuptling Mutahangarwa zum Beispiel, »scheinen sich mit der deutschen Kolonialverwaltung bestens zu verstehen«. Mutahangarwa »wohnte in einem schmucken Häuschen aus Ziegeln, die von seinen eigenen Leuten gebrannt wurden, mit einem Wellblechdach (leider!)«, so die deutsch-eng-

74 Richard Reid, »Mutesa and Mirambo: Thoughts on East African Warfare and Diplomacy in the Nineteenth Century«, *International Journal of African Historical Studies* (1998).

lische Forscherin Alice Werner.[75] Sie bezog sich auf einen Fotoband des deutschen Regionalverwalters von Buhaya, dem jungen Leutnant Max Weiss, der bis heute in dieser Gegend legendär geblieben ist.[76] In ganz Afrika gab es »jede Menge Belege« für die deutsche Behauptung, sie hätten eine gute Beziehung zu den Einheimischen, schrieb der amerikanische Forscher Woodruff Smith 1978.[77]

Der beste Beweis für die Legitimität der deutschen Kolonialherrschaft ist die winzige deutsche Militär- und Polizeipräsenz vor Ort. Im Jahr 1904 bestand die gesamte deutsche Kolonialverwaltung in Ostafrika – einem weiträumigen Gebiet dreimal so groß wie das Deutsche Reich, mit einer Bevölkerung von fast 8 Millionen – aus 280 Deutschen und 50 eingeborenen Beamten.[78] Diese Zahl stieg bis 1913 auf ganze 737 Beamte.[79] Die Kolonie wurde von den einheimischen Eliten aus 30 zivilen und militärischen Vorposten namens *Bomani* geleitet.[80] Das ist, als ob das heutige Niedersachsen von 200 Beamten verwaltet würde.

Die deutsche Militärpräsenz in Deutsch-Ostafrika war genauso winzig. Sie bestand im Jahr 1913 aus genau 68 deutschen Offizieren, 134 deutschen und anderen eu-

75 Alice Werner, »The Native Races of Deutsch-Ostafrika«, *Journal of the Royal African Society* (1910), S. 60–61.

76 Max Weiss, *Die Völkerstämme im Norden Deutsch-Ostafrikas* (1910).

77 Woodruff Smith, *The German Colonial Empire* (1978), S. 163.

78 Lewis H. Gann and Peter Duignan, *The Rulers of German Africa, 1884–1914* (1977), S. 146.

79 Juhani Koponen, *Development for Exploitation: German Colonial Policies in Mainland Tanzania, 1884–1914* (1995), S. 352.

80 Sebastian Conrad, *German Colonialism: A Short History* (2012), S. 73.

ropäischen Soldaten, und 2472 einheimischen Soldaten.[81] Dasselbe Muster zeigt sich in allen anderen deutschen Kolonien in Afrika: Nach Schätzungen von Etemad war jeder einzelne deutsche Soldat in Afrika für 4400 Menschen verantwortlich, mehr als die jeweils 3600 und 3700 Menschen, für die jeder französische und englische Soldat zuständig war, und etwa 25 mal so viele Menschen wie daheim in Deutschland.[82]

Manche Wissenschaftler bestehen darauf, dass diese Zahlen ein Zeichen für systemische Gewalt sein sollen. Sie deuten auf die detaillierten Statistiken der körperlichen Züchtigung (meistens Geißelung), die die deutschen Beamten anstelle von Haftstrafen einsetzten. Gefängnisstrafen hätten die Männer nur aus ihren produktiven Rollen als Ernährer der Familien entfernt, deshalb wurde die Geißelung als humaner angesehen. Die Körperstrafen wurden detailliert notiert, katalogisiert, debattiert und überwacht. Dementsprechend gibt es in den Archiven jede Menge Daten zu Geißelungen, die die Kolonialismuskritiker als Munition für ihre Behauptungen einsetzen können. Wieviel humaner würde die deutsche Kolonialzeit wirken, wenn man keine Aufzeichnungen geführt hätte! Zwischen 1903 und 1913 blieb die Durchschnittszahl der Geißelungen pro 1 000 Einwohner in Deutsch-Ostafrika bei 0,73 relativ stabil, also weniger als eine körperliche Züchtigung pro tausend

81 Paolo Giordani, *The German Colonial Empire: Its Beginning and Ending* (1916), S. 156.

82 Bouda Etemad, *Possessing the World: Taking the Measurements of Colonisation from the Eighteenth to the Twentish Century* (2007), S. 47.

Einwohner pro Jahr.[83] Wenn wir in Deutschland heutzutage nur in 10 Prozent aller angezeigten Verbrechen eine Verhaftung hätten, die wir mit Geißelung bestrafen würden, wären das immer noch 77 Geißelungen pro Tausend Einwohner, oder 100 mal mehr als in Deutsch-Ostafrika.

Kolonialismuskritiker interessieren sich nie für solche analytischen Fakten. Hätte die Kolonialverwaltung etwa nicht für Recht und Ordnung sorgen sollen? Wären Haftstrafen ihrer Meinung nach humaner gewesen? Waren die Geißelungen ihrer Meinung nach nicht legitim? Glauben Sie, dass die deutschen Kolonialbeamten solch detaillierte Daten zu den Körperstrafen führten, weil sie irgendetwas zu verbergen hatten?

Außerdem befürworteten die Einheimischen die körperliche Züchtigung mehrheitlich. Um damit fertig zu werden, müssen die Anti-Kolonialismusforscher absurde logische und empirische Verrenkungen vollbringen. So schreibt zum Beispiel Eva Bischoff von der Universität Trier über die bereitwillige Mithilfe der Stammesführer bei der deutschen Untersuchung und Verhandlung in einem Mord- und Kannibalismusfall 1908, dass diese Mithilfe »kein Zeichen der Kollaboration, sondern ein Akt des kulturellen und sozialen Widerstandes« gewesen sei. Wie das? Weil die einheimischen Anführer ihrer Meinung nach ein Machtpoker mit politischen Rivalen spielten. Als Beweis führt sie die Spekulationen eines einzigen deutschen Missionars an, der bei der Verhandlung gar nicht anwesend war. Da keine der afrikanischen Gerichtsakten überliefert wurden, kann Bischoff diese

83 Fritz Müller, *Kolonien unter der Peitsche* (1962), S. 114.

grundlosen Spekulationen als wahr verkaufen, obwohl die Gerichtsakten, die in Deutschland noch vorhanden sind, das Gegenteil aussagen.[84]

Wäre der deutsche Kolonialismus nicht legitim gewesen, wäre er leicht zu stürzen gewesen. Die *Askari,* muslimische ägyptische und sudanesische Soldaten, die den Deutschen bei der Gründung der ursprünglichen Küstenkolonie behilflich waren, stellten ein Musterbeispiel für außergewöhnliche Treue einheimischer Truppen dar. Die sogenannte *Askaritreue* wurde zum geflügelten Wort. Die Askari (Kisuaheli für *Soldat*) »erfüllten deutsche Kolonialinteressen und schufen gleichzeitig neue Möglichkeiten für Männer, Frauen und Kinder in Ostafrika, besseren Zugang zu Status, Wohlstand und Sicherheit zu bekommen«, schrieb ein Wissenschaftler.[85]

Sie dienten nicht nur als Soldaten, sondern als Steuereintreiber, Boten, Wachen, Beamte und Arbeiter. Der Grund, warum der Kolonialismus in Deutsch-Ostafrika so gut funktionierte war, dass so viele Einheimische ihn so viel besser fanden als alle greifbaren Alternativen. Wenn die Deutschen auf der Suche nach Arbeitern waren, eilten die Einheimischen herbei, denn sie boten einen Ausweg aus der Armut, Unterdrückung und Ausweglosigkeit traditioneller Daseinsformen.

84 Eva Bischoff, »Acting Cannibal: Intersecting Strategies, Conflicting Interests, and the Ambiguities of Cultural Resistance in Iringa, Deutsch-Ostafrika«, in *German Colonialism Revisited: African, Asian, and Oceanic Experiences* (2014), S. 222, 213.

85 Michelle Moyd, »Bomani: African Soldiers as Colonial Intermediaries in Deutsch-Ostafrika, 1890–1914«, in *German Colonialism Revisited: African, Asian, and Oceanic Experiences* (2014), S. 102.

Ostafrikanische Soldaten der Askari genießen ihre Freizeit, 1914. (Bundesarchiv)

Die Antikolonialisten bemühen sich stets, die Legitimität zu ignorieren, die die bereitwillige Kooperation der Einheimischen der deutschen Kolonialunternehmung verlieh. Stattdessen ziehen sie es vor, alles aus der eurozentrischen Perspektive der deutschen Unterdrückung und des einheimischen Widerstands zu sehen. »Die Geschichte der Kollaborateure und ihrer Mittelsmänner ist aus der Geschichtsschreibung verbannt worden«, brüsten sich drei Forscher, denn »Forschung, die solche Interaktionen betont, könnte entlastend wirken«.[86] Im Klartext: Wenn es Fakten gibt, die den deutschen Kolonialismus in gutem Licht erscheinen lassen könnten, müssen diese Fakten unterdrückt werden. In diesem neuen Wunderland der

86 Nina Berman, Klaus Mühlhahn, and Patrice Nganang, »Introduction« in *German Colonialism Revisited: African, Asian, and Oceanic Experiences* (2014), S. 7.

akademischen Forschung ist die Unterdrückung lästiger Gegenargumente und -beweise die heilige Aufgabe und Pflicht des anständigen Forschers. Das Ziel der Forschung ist nicht länger die Wahrheit, sondern gutmenschliches Dogma und politische Propaganda, und das alles wird finanziert vom Geld des Steuerzahlers.
Die letzte Zuflucht des ideologisch motivierten Kolonialismuskritikers in Bezug auf Deutsch-Ostafrika ist der Maji-Maji-Aufstand von 1905 bis 1907. Wie im Fall des Feldzugs gegen die Herero und Nama nimmt dieser Aufstand überdurchschnittlich viel wissenschaftliche Aufmerksamkeit in Anspruch, denn er gilt als die Achillesferse der vermeintlichen Vorzeigekolonie. Wenn man die deutsche Kolonialzeit in Ostafrika mit diesem einen Vorfall delegitimieren kann, so das Argument, dann kann man den Rest getrost ignorieren. Die Argumente hier sind jedoch noch viel dürftiger. Die Niederschlagung des Maji-Maji-Aufstands war nicht nur gerechtfertigt (genauso wie der Feldzug gegen die Herero und Nama), er war der Bedrohung angemessen.

Genauso wie alle gewalttätigen Angriffe auf Regierungskräfte während der Kolonialzeit, wird auch der Maji-Maji-Aufstand als »Befreiungsbewegung« dargestellt. Ein schwadronierender deutscher Gutmensch beschrieb die Rebellion als »ersten gemeinsamen Aufstand Schwarzafrikanischer Volksgruppen gegen die weiße Kolonialherrschaft«.[87] Doch die lockere Ansammlung von Kriegsherrn und arabischen Sklavenhändlern, die

87 Walter Nuhn, *Flammen* über *Deutschost. Der Maji-Maji-Aufstand 1905/06, die erste gemeinsame Erhebung schwarzafrikanischer Völker gegen weiße Kolonialherrschaft* (1998).

sich bei diesem Aufstand zusammenrottete, um die Deutschen zu vertreiben, wollte niemanden »befreien«. Es war ihr *ausdrückliches* Ziel, ihre althergebrachten Privilegien durch das Plündern und Überfallen schwächerer Stämme wieder zu erlangen, Sklaven zu halten und zu verkaufen, mit Frauen zu handeln und neue Handelseliten von der Macht auszuschließen.

Heike Schmidt fasst das so zusammen: »Angriffe auf Deutsche scheinen hauptsächlich durch das Ziel motiviert worden zu sein, am fragilen Gewaltmonopol der Kolonialmacht zu rütteln und den Sklavenhandel wieder zuzulassen, sowie auch persönliche Rachegelüste zu befriedigen. Die Angriffe zielten in erster Linie auf eine Rückkehr zu den Hauptaktivitäten dieser Stämme vor der Kolonialzeit, nämlich dem Rauben und Plündern.«[88] Eine detaillierte empirische Studie von Alexander de Juan des *German Institute of Global and Area Studies* (GIGA) bestätigt das: Der Aufstand war nicht etwa durch »Steuerunterdrückung« ausgelöst, sondern durch die Tatsache, dass diese Steuern einen modernen und stabilen Staat erschufen, der die politische Macht der vormodernen Eliten bedrohte. Der deutsche Kolonialismus drohte, die unterdrückte Bevölkerung (vor allem Frauen) aus ihrer feudalen Abhängigkeit von diesen Eliten zu befreien.[89] Der Kolonialismus war der eigentliche »Befreiungskampf«.

88 Heike Schmidt, »(Re)Negotiating Marginality: The Maji Maji War and Its Aftermath in Southwestern Tanzania, ca. 1905–1916«, *International Journal of African Historical Studies* (2010), S. 29.

89 Alexander De Juan, »State Extraction and Anti-Colonial Rebellion: Quantitative Evidence from the Former Deutsch-Ostafrika«, *GIGA Working Papers* (2015).

Die tansanischen Forscher Eginald Mihanjo, Studienleiter am Nationalen Verteidigungskolleg Tansania, und Oswald Masebo, Fakultätsleiter des historischen Instituts an der Universität Dar-es-Salaam, stellten fest, dass die Ngoni-Feldherrn, die den Aufstand anführten, grausame Kriegstrieber waren, die vor allem andere, schwächere Stämme plünderten und töteten, bevor die Deutschen kamen, um für Ordnung zu sorgen. Die *Warlords* der Ngoni wollten niemanden befreien: »Das Aufkommen einer jungen Generation aus bekehrten Christen, westlich erzogenen Jugendlichen, weitgereisten Händlern und befreiten Sklaven, die eine neue Zivilgesellschaft bildeten, war eine Herausforderung an ihre traditionelle Autorität«, schreiben Mihanjo und Masebo.[90]

Die Todeszahlen, die der Aufstand forderte, waren entsetzlich: Die Kriegsherren schickten nach Schätzungen der Kolonialverwaltung tausende Aufständische in den Tod, denn ihre Voodoo-Medizinmänner sagten ihnen, ihre »Wasser Wasser« Zauberformel würde die Kugeln der Deutschen aufhalten. Die Verluste der Deutschen, überwiegend einheimische Freiwillige, betrugen nur einige Hunderte. Alles in allem starben nach deutschen Schätzungen etwa 75 000 Afrikaner im Kampf oder als direkte zivile Opfer. Kuss hat aufgezeigt, dass diese Todeszahlen nicht das Resultat einer gezielten Strategie des Völkermords waren, oder gar eines besonderen Hangs der Deutschen zur Gewalt, sondern Ergebnis

90 Eginald Mihanjo and Oswald Masebo, »Maji Maji War, Ngoni Warlords, and Militarism in Southern Tanzania: A Revisionist View of Nationalist History«, *Journal of African Military History* (2017), S. 63.

konkreter militärischer Entscheidungen, die aus den speziellen geographischen, sozialen und wirtschaftlichen Eigenschaften dieses »Kriegsschauplatzes« resultierten.[91] So versteckten sich die Rebellen gerne in einheimischen Dörfern, benutzten menschliche Schutzschilde und schickten durch Befehle, sich nicht zu ergeben, Hunderte als Kanonenfutter in den Tod. Schnee verglich den irrationalen Fanatismus der Maji-Maji-Rebellen mit den »Fuzzy-Wuzzy« Derwischen, die zwischen 1896 und 1899 nur mit Speeren und islamischen Gebeten bewaffnet von den Briten im Sudan unter General Sir Herbert Kitchener geschlagen wurden.[92]

Antikoloniale Forscher und tansanische Nationalisten haben diese Schätzung von 75 000 Toten inzwischen um ein Vielfaches erhöht, indem sie alle späteren Todesopfer durch Hunger, Seuchen und Stammeskonflikte dazuzählen, die nach der deutschen Niederschlagung des Aufstandes starben. Egal wie hoch diese zivilen Opferzahlen waren – diese Toten waren Opfer des Aufstandes, nicht der deutschen Ordnungsmacht. Die Rebellen zerstörten den Frieden, den die Deutschen gebracht hatten. Dies war besonders deshalb der Fall, weil Rebellen die Standorte der christlichen Missionen zerstörten, die sich immer um die Ernährung und den Schutz der Frauen, Kinder und Alten gekümmert hatten. Jener Menschen also, die in der Nachkriegszeit besonders von Hunger und Krankheit betroffen sein sollten.

91 Susanne Kuss, *Deutsches Militär auf kolonialen Kriegsschauplätzen. Eskalation von Gewalt zu Beginn des 20. Jahrhunderts* (2010).

92 Heinrich Schnee, *German Colonization, Past and Future* (1926), S. 117; Robin Neillands, *The Dervish Wars: Gordon and Kitchener in the Sudan, 1880–1898* (1996).

Deutsche Kolonialismuskritiker bestehen darauf, die Maji-Maji als gute Nationalisten zu sehen, die von den bösen Kolonialisten unterdrückt wurden. Doch damals gab es niemanden, der das so sah. Diese Legende entstand erst in den 1960er Jahren, als der britische Historiker John Iliffe in Tansania im Dienst des postkolonialen Diktators Julius Nyerere diese verzerrte Version der heldenhaften Maji-Maji erfand. Nyerere sah die Maji-Maji als passenden Gründungsmythos für seine nationalistische Bewegung. Die Stammesältesten erzählen Iliffes Doktoranten freimütig, dass diese Auslegung völlig falsch war, und dass die Maji-Maji verhasst waren.[93] Trotzdem beugte sich Iliffe den Vorgaben des »Dschungellehrers« Nyerere und taufte es einen »Volksaufstand«, der »spätere nationalistische Bewegungen« vorwegnahm.[94]

Bei einer Konferenz des Deutschen historischen Museums Berlin im November 2005 zum hundertjährigen Gedenktag des Maji-Maji-Aufstandes entsetzte der Historiker Christoph Sehmsdorf gemeinsam mit dem ehemaligen deutschen Botschafter in Tansania Heinz Schneppen die anwesenden Kolonialkritiker mit der Feststellung, dass der deutsche Kolonialismus im Grunde nur Vorteile für die Einheimischen hatte, dass die Niederschlagung der Maji-Maji gerechtfertigt war und große Unterstützung der Einheimischen genoss. Erwartungsgemäß hatte das antikoloniale Establishment einen Tobsuchtsanfall. Stefanie Michels der Heinrich-

93 Thaddeus Sunseri, »Statist Narratives and Maji Maji Ellipses«, *International Journal of African Historical Studies* (2000).

94 John Iliffe, »The Organization of the Maji Maji Rebellion«, *Journal of African History* (1967), S. 512.

Heine-Universität Düsseldorf erklärte, sie »schäme sich« die Konferenz besucht zu haben.[95]

Nach der Niederschlagung des Maji-Maji-Aufstandes bemühte sich Berlin, die Sympathie der Bevölkerung wieder zu gewinnen, so wie die Briten es nach dem Burenkrieg in Südafrika gemacht hatten. Das resultierende »Zeitalter des Fortschritts«[96] machte Ostafrika zu einer der progressivsten Kolonien in Afrika. Der deutsche Wunsch, einen zweiten Maji-Maji-Aufstand zu vermeiden, und der afrikanische Wunsch nach den Vorteilen der Kolonialherrschaft trugen jeweils dazu bei, eine der erfolgreichsten Kolonien in Afrika zu schaffen.

Beim Ausbruch des Ersten Weltkrieges gab es in Ostafrika eine breite Welle der Unterstützung für die Deutschen.[97] Im verfahrenen Großen Krieg standen eine kleine, flexible Truppe von 5000 *Askari* 130 000 englischen, indischen, belgischen, südafrikanischen und portugiesischen Soldaten gegenüber. Als die Deutschen am 11. Juli 1915 gezwungen waren, den Kreuzer *Königsberg* der kaiserlichen Marine auf dem Rufiji-Fluß zu versenken, wurden die deutschen Marinesoldaten zu »Europäischen *Askari*« umgerüstet, samt einheimischen Uniformen und Waffen.[98]

Die einheimischen *Askari* spielen in Cecil Scott Foresters Roman aus dem Jahr 1935 *The African Queen,*

95 http://www.freiburg-postkolonial.de/Seiten/dhm1.htm.

96 John Iliffe, *Tanganyika Under German Rule, 1905–1912* (1969), S. 6.

97 Woodruff Smith, *The German Colonial Empire* (1978), S. 163.

98 Michael Pesek, »Colonial Heroes: German Colonial Identities in Wartime, 1914–18«, in *German Colonialism and National Identity* (2011), S. 128.

in dem es um die Versenkung eines weiteren deutschen Kreuzers geht, eine wichtige Rolle, genau wie in der Verfilmung mit Humphrey Bogart und Katharine Hepburn.

Der letzte deutsche Gouverneur von Ostafrika, Heinrich Schnee, schreibt in seinen Erinnerungen von den unermüdlichen Anstrengungen der afrikanischen Soldaten, Zuträger und Logistiker im Großen Krieg. Diese Bemühungen sind der beste Beweis für die dauerhafte Legitimität und Popularität der deutschen Kolonialherrschaft, vor allem nachdem die meisten Mannschaftszüge gar keine deutschen Kommandeure hatten und tausende Afrikaner mehr oder weniger umsonst für die Deutschen schufteten (der Sold wurde in einer neu gedruckten Kunstwährung bezahlt, im Prinzip ein ungedeckter Schuldschein im Namen des Kaisers).[99] »Nur ein Gefühl von wahrer Treue und Hingabe hätte solch ein Ergebnis liefern können«, so Schnee.[100] So beeindruckt waren die Franzosen von der Treue und Kampfkraft der deutschen Kolonialtruppen, dass sie die deutschen Militärunterlagen für ihren eigenen Gebrauch übersetzten.[101]

Die treuen Askari kämpften noch bis zum 23. November 1918 weiter, bis sie schließlich vom Waffenstillstand in Europa erfuhren, der am 11.11.1918 in Compiègne unterzeichnet worden war. Von der Kampftruppe, die vier

99 Heinrich Schnee, *Deutsch-Ostafrika im Weltkriege Wie wir lebten und kämpften* (1919); siehe auch Katharina Abermeth, *Heinrich Schnee: Karrierewege und Erfahrungswelten eines deutschen Kolonialbeamten* (2017).

100 Heinrich Schnee, *German Colonization, Past and Future* (1926), S. 168.

101 Rémy Porte, «La Défense des Colonies Allemandes Avant 1914 : Entre Mythe et Réalités«, *Revue Historique des Armées* (2013).

Jahre lang die Briten in Atem gehalten hatte, verblieben genau 155 deutsche Offiziere, 1200 Askari und 1600 Träger. Bei ihrer Rückkehr nach Berlin im März 1919 marschierten 130 von ihnen als umjubelte Helden durch das Brandenburger Tor.

Kapitel 4: Kamerun: August Bebel und die »Treue der Eingeborenen«

Deutsch-Kamerun machte 30 Prozent aller »Lebensjahre« der gesamten deutschen Kolonialzeit aus und war damit die zweitgrößte deutsche Kolonie nach Ostafrika. Auch zu dieser Kolonie gibt es sehr wenig wissenschaftliche Literatur, denn außer einer großen Erfolgsgeschichte gibt es nicht viel dazu zu sagen: Die Deutschen verbesserten die Lebensumstände der Einheimischen und gewannen dadurch große Legitimität. Eine Kolonie ist für Forscher einfach nicht interessant ohne zumindest vereinzelte Beispiele deutscher Brutalität –»Kolonialskandale« nannte man sie damals – oder die Entdeckung der Tagebücher irgendeines nichtsahnenden Kolonialbeamten, die man dann mit dem bohrenden Blick postmoderner Verachtung »dekonstruieren« kann.

Deutsch-Kamerun war eine bergige, verregnete Kolonie mit drei Millionen Einwohnern, etwa zweimal so groß wie das Deutsche Reich. Im Süden des Landes herrschten die Deutschen mit Hilfe des küstennahen Volkes der Duala, die dadurch zu reichen Mittelsmännern wurden. Im 19. Jahrhundert litten sie unter ständigen Stammeskriegen zwischen ihren drei großen Volksgruppen, die 1876 darin gipfelten, dass sich zwei Gruppen gegen die dritte verbündeten und ihren Anführer meuchelten. Trotz den Anregungen der europäischen Händler schafften es die Duala nie, sich politisch zu einigen.

Im Jahr 1881 schrieb der Anführer der größten Gruppe, Ndumbe Bell, der seinen Sohn in England auf die Schule geschickt hatte, an die Briten und bat sie, sein Land zu annektieren: »Wir sind es Leid, dieses Land selbst zu regieren; jeder Disput führt zum Krieg, und oft sterben dabei viele.« Die Briten winkten jedoch ab. Im Jahr darauf musste Häuptling Bell mit einem Aufstand eines ehemaligen Verbündeten fertig werden, der sich mit drei seiner Brüder gegen ihn wandte. Ehe es zum Krieg kam, beschlossen die beiden verfeindeten Anführer, ihre Waffen niederzulegen und 1884 die Annexion durch die Deutschen zu akzeptieren. Dadurch bekamen die Duala dank der deutschen Kolonialisten zum ersten Mal eine zentralisierte Regierung. Die blutigen, zerstörerischen Stammesfehden fanden ein Ende. Laut Ralph Austen, Historiker an der University of Chicago, einigten sich die beiden Häuptlinge, »Im Gegenzug für eine ordentliche Beilegung der endlosen Konflikte auf allen Ebenen des einheimischen politischen Lebens ihre volle Autonomie aufzugeben.«[102]

Zwischen 1884 und 1902 dehnten die Deutschen ihre Kolonie mithilfe ihrer Verbündeten vor Ort weiter ins Landesinnere aus, wo ähnliche Bruderfehden die Herrschaft der Deutschen zum kleineren Übel machten. Im Norden akzeptierte das muslimische Sultanat der Fulani, die seit 1823 bis zur Ankunft der Deutschen 1902 die anderen Volksgruppen ausgeplündert und versklavt hatten, die deutsche Herrschaft und eine Ende der Sklaverei und des Frauenhandels. Wie in Nigeria unter den Briten wurde die christliche Missionierung der Fulani verboten, die Scharia nicht angerührt. Wenn die Deutschen Kamerun nicht besetzt hätten, so ein

102 Ralph Austen, *Middlemen of the Cameroons Rivers: The Duala and Their Hinterland, c.1600-c.1960* (1999), S. 89, 103.

Historiker der Universität Yale, der in den 1920er Jahren hier forschte, hätten es die Franzosen oder Briten irgendwann getan. Und wenn nicht, wäre die gesamte Region ein Sklavenreich der Fulani geworden, und in Anbetracht der üblichen Gewohnheiten der Fulani kann man verstehen, warum »die Einheimischen den europäischen Imperialismus vorziehen« würden.[103]

Unter deutscher Herrschaft entstanden urbane Zentren, in denen Urwaldbewohner zum ersten Mal mit der modernen Welt in Kontakt traten. Forschungsexpeditionen mit deutschen Vermessern, Geographen, Botanikern und Völkerkundlern konnten hier in den entlegensten Bergregionen Monate ohne einen einzigen Wachmann unbehelligt verbringen, und wurden von den Einheimischen herzlich willkommen geheißen. Der einzige »Widerstand«, dem sie begegneten, kam vom schwierigen Klima.

»Der Kinematograph streikte leider, weil er nicht tropensicher verpackt und in Folge dessen unter dem Einfluss des feuchten Klimas verquollen war«, so ein Reisebericht.[104] Bis 1913 gab es 631 christliche Missionarsschulen in der Kolonie, an denen 40 000 Schüler unterrichtet wurden. Die Sklaverei wurde 1895 abgeschafft und war bis 1900 völlig verschwunden, schneller als in jeder anderen europäischen Kolonie, wo Haussklaven im Zuge lang gehegter Tradition noch lange geduldet wurden.

103 Harry Rudin, *Germans in the Cameroon, 1884–1914* (1938), S. 420.

104 Kurt Hassert, »Vorläufiger Bericht über einige Ergebnisse der Kamerun-Expedition 1907/8 des Reichs Kolonialamtes«, *Geographische Zeitschrift* (1908), S. 628.

Nachdem sie in Kamerun die erste Zentralverwaltung überhaupt geschaffen hatten, ahmten die Deutschen das britische Modell so weit wie möglich nach: Sie richteten einheimische Gerichte und Polizeistationen ein, schufen einheimische Stammesräte, eine dezentrale Verwaltungsstruktur und Ausbildungsmöglichkeiten für einheimische Beamte. Das deutsche Entwicklungsprogramm im Kamerun war robuster als anderswo, unter anderem, um den Forderungen der Berliner Konferenz zu entsprechen, dass Kolonialansprüche mit »effektiver Besetzung« einhergehen müssten. Seit 1894 führten sie Landwirtschaft, Industrie und Infrastruktur ein. Bis 1913 wurden zwei große Eisenbahnlinien ins Landesinnere fertiggestellt, die bis heute das wirtschaftliche Rückgrat des modernen Kamerun darstellen.[105]

Bis zum Jahr 1914 entstanden 107 000 Hektar Anbaufläche. Dies war zwar ein sehr kleiner Bereich, doch er hatte enorme wirtschaftliche Auswirkungen. Die Arbeit auf den Plantagen war unter den Kamerunern extrem begehrt, denn sie bot ein geregeltes Einkommen und Sicherheit vor Angriffen. Afrikanische Unternehmer begannen selbst damit, Plantagen anzulegen. Es gab bald viele angesehene einheimische Kakaoplantagenbesitzer mit Namen wie Johannes Manga Williams, Samuel Nduya und Abel Mukete. Das Umweltbewusstsein der deutschen Kolonialpolitik war bereits ausgeprägt, auch in Bezug auf Kultur und Ernährung, daher blieben die Plantagenflächen im

105 Helmut Schroeter und Roel Ramaer, *Eisenbahnen in den einst deutschen Schutzgebieten Ostafrika, Südwestafrika, Kamerun, Togo und die Schantung-Eisenbahn damals und heute* (1993).

Vergleich zur gesamten landwirtschaftlichen Fläche der Kolonie sehr klein.

Die Kolonialverwaltung lehnte immer wieder Anträge der Deutschen West-Afrikanischen Handelsgesellschaft (DWH) auf Erschließung größerer Flächen ab. »Sorgfältige Erwägung sollte der Zuteilung von Reserven an die einheimische Bevölkerung geschenkt werden. Die Anforderungen der DWH sollten keinen Vorrang gegenüber denen der Einheimischen genießen, deren Landbedarf vielmehr für alle Zeiten ihnen gehören sollte«, wie der letzte deutsche Gouverneur Karl Ebermaier schrieb.[106] Nach 1918 erlaubten die Briten den Deutschen die Rückkehr, um ihre Plantagen zu führen, als sich dies als einziger Weg erwies, die Wirtschaft am Laufen zu halten. Die deutsche Politik sollte ironischerweise späteren afrikanischen Kritikern der *laissez-faire* Politik der Briten und Franzosen als Referenz dienen, die die Region erbten.[107]

Das Tempo des sozialen und wirtschaftlichen Wandels unter den Deutschen war atemberaubend. Bis zum Jahr 1913 waren die Duala nicht länger nur Händler, sondern auch Produzenten geworden. Bis 1913 gab es 572 Kakaoplantagen im Besitz von Duala, und Duala-Unternehmer (darunter der Sohn von Häuptling Bell) erschlossen neues Land und erschufen neue Anbauflächen. In Duala bildete sich endlich die schwarze urbane Mittelklasse heraus, die in Lagos bereits lan-

106 Richard Goodridge, »›In the Most Effective Manner‹? Britain and the Disposal of the Cameroons Plantations, 1914–1924«, *International Journal of African Historical Studies* (1996), S. 253f.

107 Bongfen Chem-Langhëë, *The Paradoxes of Self-determination in the Cameroons Under United Kingdom Administration* (2004).

ge existierte. Ein ehemaliger Sklave von Häuptling Bell, David Mandessi Bell, wurde der erfolgreichste Händler und Kakaobauer der Region.

Es wurden Gummiplantagen eingerichtet, um die zerstörerische, wilde Ernte von Gummibäumen zu ersetzen. Auf solchen Plantagen war es außerdem einfacher, die Arbeitsbedingungen zu überwachen. Der Historiker der Yale Universität Harry Rudin schrieb in den 1920er Jahren nach seinem Besuch: »Es ist klar, dass die Regierung die wandernden Händler im Landesinneren nicht überwachen konnte; aber anhand der Strafen gegen weiße Täter in den Gerichtsakten kann man ganz deutlich erkennen, dass Gewalt durch die Kolonialverwaltung bestraft wurde.«[108] Nach Heinrich Schnee waren die gelegentlichen Übergriffe auf Gummiplantagen in Deutsch-Kamerun viel seltener als im belgischen und französischen Kongo. »Den Begriff des ›roten Gummis‹ gibt es in den deutschen Kolonien nicht«, (benannt nach dem Blut der afrikanischen Zwangsarbeiter) so Schnee.[109]

Die Gummiexporte wurden zusammen mit dem Kakao die Haupteinnahmequelle von Deutsch-Kamerun. Trotzdem machte das gesamte Handelsvolumen *aller* deutschen Kolonien nie mehr als 0,5 Prozent des gesamten Handels des Deutschen Reiches aus. Der Kolonialismus hatte also im Grunde kaum wirtschaftliche Vorteile für das Reich.[110] Zwei Wirtschaftshistoriker schrieben: »Wenn man das deutsche Kolonialreich

108 Harry Rudin, *Germans in the Cameroon, 1884-1914* (1938), S. 306.

109 Heinrich Schnee, *German Colonization, Past and Future* (1926), S. 141.

110 William Henderson, *Studies in German Colonial History* (1962), S. 38.

rein nach wirtschaftlichen Gesichtspunkten analysiert hätte, hätte das Deutsche Reich es noch vor dem Ende des Ersten Weltkrieges verkaufen oder wegtauschen sollen.«[111] Im Gegenteil: Der größte Effekt des deutschen Kolonialreiches war, das Leben der Afrikaner zu verbessern, für die der Außenhandel einen Ausweg aus einem prekären Leben im Dschungel darstellte.

Wie in anderen Kolonialgebieten kann man die Legitimität der deutschen Kolonialherrschaft in Deutsch-Kamerun auch an der winzigen Militärpräsenz erkennen: 1913 waren es 66 deutsche Offiziere und 118 andere europäische Soldaten, dazu 1650 einheimische Soldaten und 1000 einheimische Polizisten.[112] Das Verhältnis aller Polizisten und Soldaten zur Gesamtbevölkerung in Deutsch-Kamerun lag bei eins zu 1000 (im Vergleich zu 5 bis 10 pro 1000 Einwohner in modernen Staaten).[113] Martin Dibobe, der Kameruner, der in Berlin Hochbahnführer war und später fälschlicherweise als »Kolonialismusgegner« dargestellt wurde, schrieb in seiner berühmten Petition vom Jahr 1919, der Kommandierende der deutschen Streitkräfte in Ostafrika, General Paul Emil von Lettow-Vorbeck, »hat sich ja auch von der Anhänglichkeit und Treue der Eingebornen (sic) überzeugt.«[114]

111 Arthur Knoll and Hermann Hiery, *The German Colonial Experience: Select Documents on German Rule in Africa* (2010), S. 96.

112 Paolo Giordani, *The German Colonial Empire: Its Beginning and Ending* (1916), S. 156.

113 Harry Rudin, *Germans in the Cameroon, 1884–1914* (1938), S. 195.

114 https://web.archive.org/web/20200101090448/https://blackcentraleurope.com/sources/1914-1945/petitions-to-german-authorities-1919/.

Die Geschichte des Hans Dominik, dem deutschen Soldaten und Leiter des Kolonialpostens von Jaunde (Yaounde), ist für die ganze Geschichte von Deutsch-Kamerun bezeichnend. Seine Schutzbefohlenen liebten Dominik, der selbst eine tiefe Liebe zu seiner neuen Heimat verspürte. Er schrieb zwei Bücher über die Verwaltung und Geographie der Region und ehelichte eine Einheimische.[115] Als Dominiks Truppen den Vorposten von Jaunde im Landesinneren erreichten, fanden sie dort ein typisches Szenario des Stammeskrieges vor. Dominik gewann schnell Verbündete unter den Stammeshäuptlingen, die wie Häuptling Bell die deutsche Herrschaft dem Dauerkriegszustand vorzogen. Einer dieser Häuptlinge schickte 1895 seinen 15-jährigen Sohn Karl Atangana in eine deutsche katholische Missionarsschule im Süden des Landes. Als Atangana nach Jaunde zurückkehrte, wurde er Dominiks engster Mitarbeiter und diente ihm als Volkszähler, Steuereintreiber und Mann für alle Fälle.[116] Er aß oft bei Dominik zu Abend und wurde mit den Worten eines Biographen »ein unverbrüchlicher Fürsprecher der europäischen Kultur, Bräuche und Religion, wie er sie erlebte«.[117] Auf Dominiks Veranlassung arbeitete Atangana mit deutschen Linguisten zusammen, um lokale Sprachen zu dokumentieren, die sonst verschwunden

115 Hans Dominik, *Vom Atlantik zum Tschadsee; Kreigs- und Forschungsfahrten in Kamerun* (1908); *Kamerun Sechs Kriegs- und Friedensjahre in deutschen Tropen* (1901).

116 Philippe Laburthe-Tola, »Charles Atangana (c. 1882–1943), un chef Camerounais entre deux colonisations«, *Mondes et Cultures* (1998).

117 Frederick Quinn, »Charles Atangana of Yaounde«, *Journal of African History* (1980), S. 488.

wären. »Wo immer ich hinkam, erfuhr ich Lob der vorbildlichen deutschen Verwaltung«, schrieb Rudin. »Der oft gehörte Kommentar über die Deutschen war, sie seien streng, manchmal hart, aber immer gerecht.«[118]

Dominik stand im Mittelpunkt des berüchtigtsten »Kolonialskandals« in Kamerun 1906, als behauptet wurde, einheimische Truppen unter seinem Befehl hätten 50 Kinder aus Rebellengruppen in Bastkörben über den Nachtigallschnellen in den Tod geschickt.[119] Diese Anschuldigung machte monatelang in Deutschland Schlagzeilen, bis der Urheber des Gerüchts August Bebel zugeben musste, dass sein Informant alles frei erfunden hatte.[120] Dennoch wurde diese Lüge sogar bei der Friedenskonferenz von Versailles wiederholt und kursiert seitdem immer noch, von antikolonialen Professoren für gutgläubige Studenten vorgekaut.[121]

August Bebels Antikolonialismus stand im Widerspruch zu seinen sozialdemokratischen Parteikollegen, die größtenteils mit Karl Marx der Ansicht waren, der Kolonialismus in Bezug auf wirtschaftliche Entwicklung und soziale Befreiung sei etwas Positives. Die deutschen Sozialisten dieser Zeit waren der Ansicht, »dass der Imperialismus durch den Export der kapitalistischen Produktionsmittel sich selbst neue Wettbewerber und Gegner schuf, das Nationalbewusstsein Nicht-

118 Harry Rudin, *Germans in the Cameroon, 1884–1914* (1938), S. 419.

119 »The German Colonial Scandals«, *The Times* (London), 5. Dezember 1906.

120 Heinrich Schnee, *German Colonization, Past and Future* (1926), S. 105.

121 Heiko Möhle, *Branntwein, Bibeln und Bananen: Der deutsche Kolonialismus in Afrika – Eine Spurensuche* (1999).

Europäischer Völker erweckte und ihnen die Mittel und intellektuellen Waffen zu ihrer Selbstemanzipierung lieferte.«[122] Die Sozialisten sahen die Kolonien als Orte, an denen man den Kampf um Demokratie und soziale Gerechtigkeit fortsetzen konnte – mit anderen Worten, um den westlichen Liberalismus zu exportieren. Sozialdemokraten wie Eduard Bernstein waren pro-England, denn sie sahen den englischen Kolonialismus als perfektes liberales Vorbild für Deutschland. Die »Skandale«, die er und seine Parteikollegen sich ständig herbeifabulierten, um den deutschen Kolonialismus in Misskredit zu bringen, waren seiner Meinung nach Ausreißer, keine Wesensmerkmale des Kolonialismus und sicher kein Grund, das koloniale Projekt aufzugeben.[123]

Volksvertreter wie Bebel und Bernstein erfüllten ihre Aufgabe als demokratische Opposition. Damit bekamen die Kameruner eine viel größere Stimme und größeren Einfluss auf ihre Regierung als sie sonst jemals in Kamerun gehabt hätten, oder seitdem je hatten. Kritiker im Reichstag wie Bebel und Bernstein nutzen den freien Informationsfluss aus der Kolonie, um für Rechtsstaatlichkeit und Verantwortung der Kolonialverwaltung zu sorgen. Heute dagegen verbiegen sich Sozialdemokraten indem sie behaupten, Bebel und Bernstein seien Kolonialismusgegner ge-

122 Roger Fletcher, »A Revisionist Looks at Imperialism: Eduard Bernstein's Critique of Imperialism and Kolonialpolitik, 1900–14«, *Central European History* (1979), S. 246.

123 Eduard Bernstein, »Der Sozialismus und die Kolonialfrage« (1900), *Sozialistische Monatshefte*, S. 550–551, 559.

wesen.[124] In Wahrheit unterstützten beide Männer die deutsche Kolonialherrschaft und trugen zu ihrem Erfolg bei. Der britische Experte zum Thema deutsche Kolonialherrschaft, W. H. Dawson, schrieb 1926: »Das Deutsche Reich und sein Parlament zeigte zu allen Zeiten ernste Sorge um das Wohlergehen der Eingeboren, und urteilte streng über alle Fehler, die in der Verwaltung oder anderswo in den Kolonien zu Tage traten.«[125]

Es war reiner Zufall, dass sich die erfolgreiche deutsche Kolonie in Kamerun zu Beginn des Ersten Weltkriegs in einer kurzlebigen Krise befand. Aufgrund der erfolgreichen wirtschaftlichen Entwicklung, einhergehendem Wachstum und Wohlstand und sich entwickelnder Infrastruktur im Landesinneren, geriet die privilegierte Stellung der Duala ins Wanken. 1910 wuchsen die Spannungen mit den Duala wegen den deutschen Plänen, eine neue Hafenstadt auf Dualagebiet zu bauen, für die die Duala fürstlich entlohnt werden sollten. Die Häuptlinge befürchteten, dass die Duala durch Europäer und andere Stämme als Mittelsmänner ersetzt werden sollten. Im März 1914 wurden ein Duala-Häuptling und sein Berater aufgrund ihres Widerstandes gegen diesen Plan inhaftiert. Zu Kriegsausbruch wurden sie im Eilverfahren zum Tode verurteilt und gehängt. Ein Onkel des toten Häuptlings floh nach Lagos und stellte sich in den Dienst der Briten, die ihn im September in Kamerun wieder an Land schickten, um Informationen

124 Jens-Uwe Guettel, »The Myth of the Pro-Colonialist SPD: German Social Democracy and Imperialism before World War I«, *Central European History* (2012).

125 William Harbutt Dawson, »Introduction« in *German Colonization: Past and Future* (1926), S. 17.

zu sammeln und die Duala zur Rebellion anzustiften. Als der Krieg begann, weigerten sich die Duala, für die Deutschen zu kämpfen, und die Duala-Gebiete wurden schnell unterworfen.

Bei den Hausa und Jaunde im Landesinneren sah es jedoch anders aus: Die Briten und Franzosen verloren bei ihrem ersten Angriff auf Jaunde (der heutigen Hauptstadt Yaoundé) 900 Soldaten. Als die Kolonie schließlich erobert wurde, flohen über 6000 einheimische Soldaten und 12 000 andere Einheimische mit 117 Häuptlingen und ihrem Gefolge mit den Deutschen aus Kamerun nach Spanisch-Guinea (dem heutigen Äquatorialguinea). Weitere 20 000 Kameruner, die mit den Deutschen ins Exil gehen wollten, wurden von den spanischen Behörden abgewiesen.[126] Dieser biblische Auszug nach Spanisch-Guinea und die unverbrüchliche Treue zu den Deutschen in den folgenden drei Jahren ist eine unbekannte Heldengeschichte des deutschen Kolonialismus. Wollte ein heutiger Doktorant sich ihr annehmen, würde er wohl von Herr Professor Antikolonial damit beauftragt, es so aussehen zu lassen, als habe es sich da auch um irgendeine Form von »Widerstand« gehandelt.

Während sie auf der Insel Fernando Po (heute Bioko) ihre Füße hochlegten, schickten die 117 Häuptlinge dem spanischen König ein Bittschreiben, er möge intervenieren, um die deutsche Herrschaft im Kamerun wiederherzustellen. Wenn diese Petition den Kolonialismus verur-

126 Jacqueline de Vries, »Cameroonian Schutztruppe Soldiers in Spanish-Ruled Fernando Po During the First World War: A ›Menace to the Peace‹?«, *War & Society* (2018).

teilt und Befreiung von der unerträglichen Unterdrückung durch die Weißen gefordert hätte, gäbe es bereits Regale voller kolonialismuskritischer Abhandlungen darüber. Doch das Gegenteil stand darin, und deshalb wird sie von der Wissenschaft totgeschwiegen: »Wir haben unsere Familien und Haushalte in Kamerun zurückgelassen, gemeinsam mit unserer Liebe und unserem Vertrauen in die Regierung. Wir hoffen darauf, mit den Deutschen bald nach Kamerun zurückkehren zu können. Unsere Liebe und Treue sind unverbrüchlich. Wir hegen nur diesen einen Wunsch: Mit der deutschen Regierung nach Kamerun zurückzukehren.«[127]

127 Hans Poeschel, *Die Koloniale Frage im Frieden von Versailles* (1920), S. 242f.

Kapitel 5
Togoland: Die Musterkolonie

Die Wahrheit über die deutsche Kolonialherrschaft in Togoland – die nur 8 Prozent der gesamten deutschen Kolonialzeit in Lebensjahren entspricht – ist deshalb wichtig, weil kolonialismuskritische Forscher ihr Äußerstes geben, um diese »Musterkolonie« zu diskreditieren. Nachdem dieser dünne Streifen Westafrikas 1884 deutsches Protektorat wurde, war die Vision in Berlin, daraus eine Handelsniederlassung vom Schlage Hongkongs zu machen. Europäische Händler sollten unter dem Schutz einer beschränkten Regierungsmacht zum beiderseitigen Vorteil mit den Einheimischen Handel treiben. Wie in Hongkong, passte dieses Vorhaben gut zum eingefleischten Handelsgeist der Eingeborenen. Togoland war neben Deutsch-Samoa die einzige deutsche Kolonie, die 1914 nicht mehr aus Berlin subventioniert werden musste.

Wie in anderen deutschen Kolonien war die Lernkurve in Togoland sehr steil. Bei den ersten Verträgen und Expeditionen ging es in erster Linie darum, Gebietsansprüche abzustecken. Die beiden küstennahen Häuptlinge, die Verträge mit den Deutschen eingingen, hatten bei den 20 nördlichen Stämmen nichts zu melden, erst recht nicht bei den europäischen Händlern, befreiten afrikanischen Sklaven oder den großen afrikanischen Königreichen zu beiden Seiten von Togoland.

Mit Hilfe der *Polizeitruppe,* einer kleinen Truppe von höchstens 500 Hausa-Soldaten, manchmal von Kriegern der Chakosi (Anofu) und Kotokoli (Tem) unterstützt, konnten die Deutschen ihre Herrschaft in einer Reihe kleiner Gefechte durchsetzen.[128] Die Deutschen einten dabei ein Gebiet, das 200 Jahre lang von Kriegen und Konflikten zerrissen wurde und erreichten damit, was kein einheimischer Kriegsherr je geschafft hatte: Einen stabilen, vereinten Staat zu schaffen, wo menschenwürdiges Leben möglich war.

Die deutsche Herrschaft brachte eine Welle von Händlern, Abenteurern und unerfahrenen Beamten mit den unvermeidlichen kleinen Fehlern und Übergriffen mit sich, die durch demokratische Prozesse der Überwachung, Untersuchung, Veröffentlichung, Ermittlung und Bestrafung korrigiert wurden. Deshalb ist es heute die Lieblingsbeschäftigung der kolonialkritischen Forscher, die ausführlichen Berichte der deutschen Behörden nach jedem kleinen Fehltritt zu durchforsten, scheinbar völlig ahnungslos, dass diese Berichte genau dem System entsprangen, das diese Fehltritte selbst begrenzte und der deutschen Kolonialherrschaft dadurch ihre Legitimität bei den Einheimischen verlieh.[129] Natürlich gibt es keine solchen Berichte aus vorkolonialen Zeiten, weil diese Gesellschaften dazu gar nicht willens oder in der Lage waren, sie Grausamkeiten und Machtmissbrauch gar nicht bemerkenswert gefunden hätten.

Bis zum Jahr 1905 reifte ein liberaler, verantwortungsvoller Staat und Verwaltungsapparat heran, wahrscheinlich schneller als irgendwo sonst. Der Gouverneur

128 Joseph Udimal Kachim, »African Resistance to Colonial Conquest: The Case of Konkomba Resistance to German Occupation of Northern Togoland, 1896–1901«, *Asian Journal of Humanities and Social Studies* (2013).

129 Bettina Zurstrassen, *Ein Stück deutscher Erde schaffen: Koloniale Beamte in Togo 1884–1914* (2008).

von 1903 bis 1910, Julius Graf Zech, war Katholik und selbsterklärter Menschenfreund, der die deutsche Verantwortung für das Wohl der Einheimischen groß schrieb.[130] Bismarck hatte mit seiner Reichsgründung viele Katholiken vor den Kopf gestoßen und ermutigte deshalb Zechs humanitäre Bemühungen, um die Gunst der Katholiken in Deutschland wiederzugewinnen. Bis 1914 hatte sich der deutsche Kolonialismus in Punkto Legitimität und Effektivität als einziger ernstzunehmender Konkurrent zum britischen Modell entwickelt.

Die deutsche Herrschaft in Togoland begann mit der Erkundung, Vermessung und Identifizierung der Einwohner und Orte dieses bis dato unbekannten Gebietes. Der Missionar Ernst Bürgi veröffentlichte ganze 20 Bücher über das Land und die Sprache der Ewe.[131] Ein Kollege schrieb, er habe »mehr zur Vereinheitlichung der Dialekte der Ewe-Sprecher in Togo und Ghana beigetragen als jeder andere«.[132] Es gibt keinen vernünftigen Grund, warum Schulkinder im heutigen Togo nicht den Namen Ernst Bürgi und den aller anderen bedeutenden Kolonialfiguren wie Heinrich Klose[133] und Valentin Massow[134] kennen sollten. Zu einer ehrlichen

130 Markus Seemann, *Julius Graf Zech: Ein deutscher Kolonialbeamter in Togo* (2012).

131 Ernst Bürgi, *Geographie des Ewelandes* (1892); *Kurzgefasste Grammatik der Ewesprache* (1897).

132 Benjamin Nicholas Lawrance, »Most Obedient Servants: The Politics of Language in German Colonial Togo«, *Cahiers d'Études Africaines* (2000), S. 514.

133 Heinrich Klose, *Togo unter deutscher Flagge: Reisebilder und Betrachtungen von Heinrich Klose* (1899).

134 Valentin Massow, *Die Eroberung von Nordtogo 1896-1899: Tagebuücher und Briefe* (2014).

Aufarbeitung der Vergangenheit gehört die Einsicht, dass die kolonialen Gründer viel mehr Anspruch auf den Titel Landesvater und Gründer der Nation haben, als jeder vor- oder nach-koloniale Despot.

Die wirtschaftliche Entwicklung von Togoland anzustoßen, war eine essenzielle Aufgabe, im wahrsten Sinne *überlebensnotwenig*. Vor der Ankunft der Deutschen bestand das »Transportsystem« von Togoland aus Trägern, die Lasten auf dem Kopf durch den Dschungel trugen oder im Einbaum durch Küstenlagunen paddelten. Nach 1892 wurden 1 000 km Straßen gebaut und die erste von drei Eisenbahnlinien in Betrieb genommen. In Lomé wurden ein Hafen und Anlegestellen errichtet. Diese Infrastruktur ermöglichte Landwirten den Zugang zum internationalen Markt, was für die afrikanische Bevölkerung eine Frage von Leben und Tod war.

Der deutsche Gouverneur von Togo August Köhler (2. v. l. in der Bildmitte) beim Gang durch die »Musterkolonie« (1988).

Um die wirtschaftliche und infrastrukturelle Entwicklung voranzutreiben, erlaubte es die deutsche Verwaltung den europäischen Beamten und Landwirten, die Einheimischen zu Arbeitsdiensten zu verpflichten.[135] Ein Gesetz des Jahres 1907 verbot die private Zwangsarbeit und machte Bezahlung für Arbeit verpflichtend. Unter diesem Gesetz musste jeder erwachsene Mann 12 Tage im Jahr unbezahlt für die Regierung arbeiten oder sechs Mark Steuern zahlen. Ungefähr die Hälfte der erwachsenen Männer bezahlt die Steuer, die andere Hälfte leistete ihren Arbeitsdienst. Die Häuptlinge organisierten den Arbeitsdienst für die Regierung und trieben teilweise auch die Steuern ein, wofür sie einen Anteil von fünf Prozent behalten durften. Wenig überraschend schickten die Häuptlinge oft einen einzigen Diener oder Sklaven mehrmals unter anderem Namen, um den Arbeitsdienst für die ganze Häuptlingsfamilie zu erbringen.

Dieses System der Zwangsarbeit führte zu Anschuldigungen, dass Deutsch-Togoland im Prinzip eine große Sklavenplantage war. Diese Vorwürfe beruhen zum Großteil auf den Untersuchungen des wissenschaftlichen Multitalents und Kolonialkritikers Gottlob Adolf Krause, dessen Forschungsreisen durch Westafrika erst durch die politische Stabilität, die bürgerlichen Freiheiten und die Straßeninfrastruktur ermöglicht wurden, die der europäische Kolonialismus geschaffen hatte. Krause schrieb kritische Aufsätze in der *Kreuz Zeitung* und reichte 1898 beim

135 Donna Maier, »Slave Labor and Wage Labor in German Togo, 1885–1914«, in *Germans in the Tropics: Essays in German Colonial History* (1987).

Reichstag eine lange Petition zur Zwangsarbeit in Togoland ein.

Krause war eine kantige Figur, die mittel- und freundlos unter einer Dachlaube in Zürich endete, wo seine riesige Forschungssammlung nach seinem Tod 1938 auf dem Müll landete. Er wurde von der ostdeutschen kommunistischen Propaganda der 60er Jahre als »Kolonialkritiker« gefeiert, muss aber vielmehr als Produkt des liberalen Kolonialismus gesehen werden.[136] Krause war ein Exzentriker und Individualist, der seine eigene Kultur ablehnte, sich selbst zum Eingeborenen machte und in Afrika wie ein Haussa-Häuptling verkleidet herumlief. Sein sehnlichster kolonialer Impuls war es, »die moralische Erhöhung der Einheimischen« zu erreichen.[137] Es ist eine köstliche Ironie, dieses Paradebeispiel für den deutschen Kolonialismus anzuführen, um den deutschen Kolonialismus zu kritisieren.

Der Vorwurf, Togoland sei eine Sklavenkolonie gewesen, ist aus mehreren Gründen unangebracht. Großbritannien verließ sich in den Anfangsjahren der Kolonie Goldküste auch auf Zwangsarbeit, da Besteuerung nicht möglich war. Wo keine Steuern eingetrieben werden konnten, war der Arbeitsdienst an öffentlichen Projekten eine sinnvolle Alternative. Darüber hinaus war Togoland bei der Ankunft der Deutschen voller ehemaliger Sklaven, die die Briten im ehemaligen Königreich Ashanti in der Goldküste befreit hatten, und

136 Peter Sebald, *Malam musa – Gottlob Adolf Krause, 1850–1938: Forscher – Wissenschaftler – Humanist. Leben und Lebenswerk eines antikolonial gesinnten Afrika-Wissenschaftlers unter den Bedingungen des Kolonialismus* (1966).

137 Peter Markov und John Sebald, »Gottlob Adolph Krause«, *Journal of the Historical Society of Nigeria* (1963).

die sich ohne Lebensgrundlage wiederfanden. Viele meldeten sich freiwillig als Leibeigene der Häuptlinge von Togoland. Als die Deutschen die Leibeigenschaft abschafften, entfiel auch diese Lebensgrundlage. Die Häuptlinge fragten die Deutschen, was sie denn nun mit ihren ehemaligen Sklaven machen sollten. Lasst sie sich als Lohnarbeiter oder im Arbeitsdienst verdingen, war die Antwort. Der niedersächsische Mediziner und Entdecker Ludwig Wolf überzeugte den König von Dahomey, seine Sklaven nicht bei den alljährlichen Opferriten zu massakrieren, sondern in der Landwirtschaft einzusetzen.

Öffentliche Projekte setzen öffentliche Mittel voraus. In einem Land, in dem nach der Abschaffung der Sklaverei durch die Europäer ein Überfluss an Arbeitskräften herrschte, war der Arbeitsdienst im Sinne der Allgemeinheit völlig gerechtfertigt und nützlich. Während viele Eingeborene aus dem Norden von Togoland in die britische Goldküste auswanderten, um dem Arbeitszwang zu entkommen, blieben die meisten und leisteten ihren Beitrag in Form von Steuern oder Arbeit. Eine blühende kapitalistische Wirtschaft konnte nicht über Nacht entstehen, und die Deutschen erkannten, dass wirtschaftliche Entwicklung die Antwort auf die grassierende Arbeitslosigkeit in Togoland war. Der Vorwurf einer Sklavenkolonie ist also haltlos.

Eine Konsequenz der geringen Größe von Togoland war die Tatsache, dass das meiste urbare Land im Süden schon kultiviert wurde, als sich die deutsche Kolonie gegründet hatte. Viel Platz für neue deutsche Plantagen blieb also nicht. Gemäß eines Gesetzes aus dem Jahr 1904 brauchten Ausländer die Genehmigung des Gouverneurs, um einheimisches Land zu kaufen.

Eine Ausnahme von dieser Regel wurde für das US-amerikanische »Tuskegee-Institut« gemacht, das 1881 von Bürerrechtler Booker T. Washington gegründet wurde, um schwarzen Amerikanern den Zugang zur modernen Wirtschaft zu ermöglichen. Von dieser Vision des schwarzen Wirtschaftserfolges angetan lud der deutsche Wirtschaftsattaché in Washington das Institut ein, in Deutsch-Togoland landwirtschaftliche Versuchsplantagen für Baumwolle und Landwirtschaftsschulen einzurichten. Diese Bemühungen zwischen 1902 und 1908 waren von Erfolg gekrönt, bildeten die Grundlage einer Versechsfachung der Baumwollexporte und einer bis heute erfolgreichen Baumwollindustrie in Togoland.

Für marxistische Gelehrte waren diese Bemühungen, den Einwohnern von Togoland die Teilnahme an der modernen Weltwirtschaft zu ermöglichen, per Definition böse, denn die moderne »profitorientierte« Weltwirtschaft war ja kapitalisitsch. Daher gibt es eine ganze Industrie linksextremer Akademiker, die die experimentellen Tuskegee-Farmen als »schwarze Selbstausbeutung« (*black on black exploitation*) abkanzelt«.[138] Die Tatsache, dass Baumwolle heute immer noch die zweitgrößte Exportware in Togo darstellt und damit tausende Familien ernährt, ist diesen kolonialkritischen Ideologen herzlich egal.

138 Andrew Zimmerman, *Alabama in Africa: Booker T. Washington, the German Empire, and the Globalization of the New South* (2010).

Der deutsche Kolonialismus in Togoland brachte außerdem einen enorm gestiegenen Zugang der Einheimischen zu lebensrettender Gesundheitsfürsorge. Zum Gesundheitsprogramm gehörte unter anderem der Bau von Brunnen, Friedhöfen, Toiletten und Krankenhäusern, sowie der Kampf gegen Krankheiten wie die Pocken und die Schlafkrankheit (dazu später mehr). Öffentliche Krankenhäuser versorgten diejenigen, die bezahlen konnten, gegen eine geringe Aufwendung, während die Armen umsonst versorgt wurden.[139]

Die Kolonialkritiker wissen natürlich, dass diese Gesundheitsfürsorge für die Togolesen nichts anderes als ein perfider kapitalistischer Trick war, um die Arbeiter bei Laune zu halten, das Land gefügig und erschließbar und den politischen Gegner mundtot zu machen. Wie auch immer – die Gesundheitsfürsorge war eine angebrachte öffentliche Dienstleistung, die von großem Nutzen war und die Legitimität der deutschen Kolonialherrschaft erhöhte. 1916 schrieb ein britischer Autor, dem sonst viel an der Diskreditierung der deutschen Kolonialherrschaft lag, folgendes:

»Eine stabile Regierung wurde eingerichtet, das Hinterland erschlossen, drei Eisenbahnlinien und viele ausgezeichnete Straßen sind gebaut worden, die Sklaverei abgeschafft und Stammeskriege befriedet, außerdem wurde eine Reihe von Versuchsplantagen eingerichtet. Die [deutsche] Verwaltung hat dank ihrer aktiven Politik die Ressourcen des Landes entwickelt, Handel und Kommerz auf eine solide Basis gestellt, und einen

139 Guenter Rutkowski, *Die deutsche Medizin erobert Togo: Beispiel des Nachtigal-Krankenhauses in Klein-Popo (Anecho), 1884–1914* (2012).

wesentlichen Fortschritt in Bezug auf den Wohlstand und Fortschritt der Bevölkerung geleistet.«[140]

Eine objektive Bewertung der Legitimität von Deutsch-Togoland wird durch die Komplexität, den schnellen Wandel und die verschiedenen Strömungen des Zeitgeistes erschwert. Das System der Zwangsarbeit blieb für viele Einwohner, die weder zahlen, auswandern oder einen Sklaven an ihrer Stelle schicken konnten, ein wunder Punkt. Andererseits war die deutsche Kolonialverwaltung erstaunlich leichtfüßig unterwegs: Gerade einmal 300 Deutsche waren für eine Million Afrikaner zuständig. Die winzige Hauptstadt Lomé übte minimale Kontrolle aus, das politische Tagesgeschäft verblieb im Großen und Ganzen in den Händen der lokalen Stammesfürsten.

Im Nordwesten des Landes zum Beispiel verbündeten sich die Nawuri und Gonja, die im 15. und 16. Jahrhundert die kleineren Stämme der Region unterworfen hatten, mit den Deutschen und profitierten reichlich davon. Als die Deutschen 1899 die Region erreichten, fiel es den Nawuri schwerer als den Gonja, die Baumwoll- und Mangoproduktion umzusetzen, die die wirtschaftliche Zukunft der Region darstellte. Daher wählten die Nawuri 1913 einen Gonja als Verbindungsmann zu den Deutschen, die diesen Mann wiederum zum »Oberhäuptling« für die gesamte Region machten.

Auch Jahre später fanden Sprachwissenschaftler immer noch Redewendungen aus der deutschen Kolonialherrschaft wie »Und der ist für den Kaiser!«, mit

140 Albert Calvert, *The German African Empire* (1916), S. 215.

dem togolesische Väter ihrer unartigen Brut den Hintern versohlten, oder »Zu Gruners Zeiten gab's das nicht!«, wie die alten Weiber in einer bestimmten Region seufzten um auszudrücken, dass früher unter dem Brandenburger Regionalverwalter Hans Gruner alles besser war.[141] Frisch ausgebildete Togolesen stellten sich in den Dienst der deutschen Verwaltung, sobald es ihnen möglich war. Diese Männer und ihre autarken Entscheidungen diffamieren die Kolonialkritiker in ihrem üblichen, arroganten Duktus als »Handlanger und Wegbereiter des kolonialen Unterdrückungsapparates«.[142]

Nach der Übernahme Togolands durch die Briten wurde der Bund der Deutschen Togoländer ins Leben gerufen, die sich als Deutsche bezeichneten und mit Petitionen an den Völkerbund wandten, um eine Rückkehr zur deutschen Kolonialherrschaft zu fordern. Têtêvi-Godwin Tété-Adjalogo, dessen Vater die Ankunft der Deutschen begrüßt hatte, erklärte später, das »paradoxe Prestige, das die Deutschen in Togo genossen«, sei ein Ergebnis eines zunehmend langfristigen historischen Blickwinkels und einer besseren Perspektive auf die Alternativen, die sich Leuten wie seinem Vater boten. Im Nachhinein betrachtet, vor allem vor dem Hintergrund der Verwüstungen der despotischen postkolonialen »Unabhängigkeit«, war die deutsche Herrschaft die beste, gerechteste und effektivste Art, Togo zu einer demo-

141 Dennis Laumann, »Narratives of a ›Model Colony‹: German Togoland in Written and Oral Histories«, in *German Colonialism and National Identity* (2010), S. 287.

142 Benjamin Nicholas Lawrance, «Most Obedient Servants: The Politics of Language in German Colonial Togo«, *Cahiers d'Études Africaines* (2000), S. 492.

kratischen und wirtschaftlich erfolgreichen Nation zu machen.[143]

Zu denjenigen, die der wirtschaftliche Erfolg und die politische Stabilität der neuen deutschen Kolonie anlockte, gehörte ein brasilianischer Einwanderer namens Francisco Olympio, dessen Sohn Octaviano den deutschen Gouverneur Zech und seine britischen und französischen Nachfolger zu politischen Reformen ermutigte. Er genoss dabei in der Region bislang ungekannte politische Freiheit und Gestaltungsmöglichkeiten.

Im Jahr 1913, als der Reichskolonialbeauftragte Lomé besuchte, legten ihm Octavanio Olympio und andere einheimische Vertreter eine Sieben-Punkte-Petition vor, in der sie eine bessere Organisation der Justiz und der Gefängnisse, die Abschaffung der Köperstrafe, mehr Einheimische im Kabinett des Gouverneurs, eine allgemeine Gesetzgebung, geringere Steuern und freien Handel forderten. Es ist der beste Beweis für die Effektivität des deutschen Kolonialismus: Eine neue Generation von einheimischen Anführern bildete sich heraus, die ihre deutschen politischen Rechte ausübten und sich für den Aufbau eines starken und freiheitlichen Staates einsetzten.

Der deutsche Kolonialismus legte die Saat für eine gebildete, wirtschaftlich unabhängige Schicht, zu der die Familie Olympio gehörte, und die den Untergang überdauert hat.

Niemand hatte eine vergleichbare Stimme in vorkolonialer Zeit und, wie sich herausstellte, auch nicht in der Zeit danach.

143 Têtêvi Godwin Téte-Adjalogo, *De la colonisation allemande au Deutsche-Togo Bund* (1998), S. 10.

Als der Autor dieses Buches 2019 auf Einladung der AfD-Fraktion im Deutschen Bundestag zum deutschen Kolonialismus sprach, titelte die *Frankfurter Allgemeine Zeitung*: »AfD und deutsche Kolonialzeit: Danke für die Unterdrückung!« Der deutsche Kolonialismus in Afrika, schrieb Oliver Georgi, »ist eine Geschichte voller Grausamkeit, Rassismus und rücksichtsloser Erniedrigung durch die Kolonialherren«. Diese Darstellung sei »unumstritten«, etwaige abweichende Ansichten würden »nicht ernst genommen«, so die *Fatwah* des Obermuftis der Kolonialismuskritik, Jürgen Zimmerer.

Als Beleg zitierte die *Faz* ein »viel beachtetes Buch« von Rebekka Habermas an der Göttinger Georg-August-Universität, das von einer »Omnipräsenz der kolonialen Gewalt« spricht und »anhand von gut dokumentierten Quellen alltäglichen Rassismus, brutale Misshandlungen und sexuelle Übergriffe durch die deutschen Kolonialisten« schildert.[144] Habermas, dessen akademischer Apfel nicht weit vom väterlichen Stamm gefallen ist, ist ein anerkanntes Mitglied der »Kolonialismus böseböse«-Schule der Gelehrsamkeit. »Die gewalthafte Kolonialgeschichte«, schrieb sie 2018 in der Wochenzeitung *Die Zeit,* stelle einen »wesentlichen Bestandteil des europäischen Erbes dar«.[145]

Ihr »viel beachtetes Buch« heißt *Skandal in Togo: ein Kapitel deutscher Kolonialherrschaft*[146] und dokumentiert

144 Oliver Georgi, »AfD und deutsche Kolonialzeit: Danke für die Unterdrückung!«, *Frankfurter Allgemeine Zeitung,* 28. November 2019.

145 Rebekka Habermas and Ulrike Lindner, »Kunst der Kolonialzeit: Rückgabe – und mehr!«, *ZeitOnline,* 12. Dezember 2018.

146 Rebekka Habermas, *Skandal in Togo: ein Kapitel deutscher Kolonialherrschaft* (2016).

das angebliche Fehlverhalten eines jungen deutschen Kolonialoffiziers namens Georg (»Geo«) Schmidt im Jahr 1906. Das Buch behandelt die Vorwürfe der Vergewaltigung einer jungen Togolesin, die in jungen Jahren an einen Togolesen zwangsverheiratet wurde, der sie wiederum an Schmidt »ausgeliehen« hatte. Die Vergewaltigungsvorwürfe seitens deutscher katholischer Missionare vor Ort richteten sich gegen Schmidt, nicht aber gegen den einheimischen Ehemann wegen Zuhälterei oder Polygamie. Der Skandal wurde von der Berliner Presse breitgetreten und im Reichstag untersucht. Es erging Anklage gegen Georg Schmidt, der im späteren Prozess zwar freigesprochen wurde, durch Einwirkung des Gouverneurs jedoch seine Arbeitsstelle verlor.

Habermas nannte ihr Buch eine »Mikrogeschichte«, die uns also *per definitionem* nichts Allgemeines über den deutschen Kolonialismus sagen kann, weder in Togoland noch anderswo. Vor allem wenn das Mikro-Beispiel extra deshalb ausgesucht wurde, weil es ein »Skandal« ist. Wenn überhaupt muss man davon ausgehen, dass ein Skandal ein Skandal ist, eben weil das Geschehene *untypisch* ist. Wenn wir aber trotzdem davon ausgehen, dass wir von diesem Einzelfall ausgehend allgemeine Aussagen über die deutsche Kolonialherrschaft treffen können, was wären diese Schlüsse dann wert? Zum Beispiel, dass die deutsche Kolonialherrschaft Anfang des 20. Jahrhunderts ein beeindruckendes Niveau an Rechtstaatlichkeit erreicht hatte. Sogar in der Auslegung einer ausgewiesenen Kolonialismuskritikerin liefert die Geschichte ein schillerndes Beispiel für die

Rechtssicherheit unter der deutschen Kolonialherrschaft. Wurden die Einwohner von Togoland unter ihren vorkolonialen Herrschern systematisch vergewaltigt, geplündert, ausgeraubt und versklavt, erlebten sie unter den deutschen Kolonialherren eine kurze, glückliche Phase, in der eine *einzige* angebliche Vergewaltigung durch einen einzigen Kolonialbeamten Gegenstand einer ausgiebigen Untersuchung und öffentlicher Debatten bis in den Reichstag nach Berlin hinein war, bis hin zum Prozess und beruflichen Konsequenzen. Was hätten die Togolesen dafür gegeben, vor oder nach der deutschen Herrschaft auf einen solchen Rechtsstaat zurückgreifen zu können. »Danke für die Unterdrückung«? Wie wär's mit »Danke für die Gerechtigkeit«, Herr Georgi?

Das größte Eigentor des *Faz*-Artikels war das Aufmacherbild, das der Bildredakteur ausgesucht hatte, um die schlimme Unterdrückung durch die deutsche Kolonialmacht zu illustrieren. Denn dieses Bild zeigte ausgerechnet den erwähnten deutschen Entdecker und Verwaltungsbeamten Hans Gruner (»Zu Gruners Zeiten gab's das nicht!«). Wenn die Bildredaktion der *Faz* ein Mindestmaß an Faktenprüfung unternommen hätte, wären sie vielleicht auf den Artikel aus dem Jahr 2013 in der Zeitung *Modern Ghana* gestoßen, laut dem Gruner »in Togo immer noch für sein bemerkenswertes Wissen der Bräuche der Ewe legendär ist«, und dass der Wert der Landkarte, die er angefertigt hat – die immer noch verwendet wird – vor allem in Grundstücksdisputen »nicht zu überschätzen ist«. Die Arbeit von Gruner und seinem Team, zitierte *Modern Ghana* einen Zeugen, »bleibt für immer ein glorreiches Kapitel in der Geschichte des deutschen Forschungsgeistes und der deutschen Kolonialkartographie«.[147]

Die *Faz*-Bildredaktion hätte bei ihrem Faktencheck vielleicht auch einen weiteren Zeitungsartikel aus dem Jahr 2000 in Ghana finden können, in dem beschrieben wurde, wie Gruner 1894 persönlich einen Streit zwischen Eingeborenen im Dorf Krachikrom am Voltasee und einer Gruppe Hausa schlichtete, die zehn Jahre zuvor vor den mächtigen Ashantis geflohen waren und ihr eigenes Dorf Kete in der Nähe gegründet hatten. »Der Streit wurde erst durch die Intervention eines Deutschen, Dr. Hans Gruner, beigelegt, und hätte 1894 sonst sehr wahrscheinlich zum Krieg geführt«, so die *Accra Mail.*[148] Die daraus erwachsene Bindestrich-Stadt Kete-Krachi im heutigen Ghana ist also ein Denkmal an Gruners Verhandlungsgeschick. Linke weiße Kolonialismuskritiker und Bessermenschen bei der *Faz* »kolonisieren« also die »primitiven« Afrikaner mit ihren Europa-zentrischen Ansichten des brandenburgischen Volkshelden. Zu Gruners Zeiten gab's das nicht!

Bei der Geschichtsschreibung von Deutsch-Togoland ist die Zunft der Historiker ebenfalls auf den üblichen, kolonialismuskritischen Leim gegangen. Das Standardwerk zu Togoland entstammt der Feder des ostdeutschen Historikers Peter Sebald, Mitglied der Akademie der Wissenschaften der DDR, der sich bei leninistischen und sowjetischen

147 Felix Ohene, »The Gruner Map is 100 Years (1913–2013)«, *Modern Ghana,* 21. Juni 2013.

148 A. R. Alhassan, »Ghana History: Alhaji Umaru Karachi«, *Accra Mail,* 23. September 2000.

Klischees über den westlichen Kolonialismus bediente und natürlich das Allheilmittel in der segensreichen Diktatur des Proletariats fand.[149] Als Sebald nach dem Ende der DDR seinen intellektuellen Maulkorb abgelegt hatte, konnte er seinen früheren Beobachtungen eine differenziertere Darstellung entgegenstellen.[150] Er argumentierte, dass die deutsche Regierung in Togoland zwar davon profitiert hätte, mehr den Briten nachzueifern, aber generell »die Kolonialgeschichte kein unausweichliches Unglück für die kolonisierten Gesellschaften gewesen ist«,[151] wie ein Beobachter schrieb.

Bezeichnenderweise stellt Togoland eine weitere »Ausnahme« von Schuberts These dar, der deutsche Kolonialismus habe den Tribalismus verstärkt. Im Gegenteil erwehrten sich die deutschen Behörden aller Versuche, ethnisch basierte Parteien und Grenzen zu etablieren, vor allem für die dominanten Ewe – eine Politik, die von den Briten und Franzosen fortgeführt wurde. Wie ein französischer Beamter später von den Bemühungen zur Schaffung eines reinrassigen Ewe-Staates sagte: »Solch ein Plan würde eine Rückkehr zur Fragmentierung darstellen, die die europäischen Kolonisten in Afrika vorgefunden hatten, und die dem allgemeinen Wohl Afrikas entgegenstand.«[152]

In Wahrheit funktionierte die deutsche Kolonialherrschaft – so wie die anderer Länder auch – aus prag-

149 Peter Sebald, *Togo 1884–1914: eine Geschichte der deutschen »Musterkolonie« auf der Grundlage amtlicher Quellen* (1988).

150 Peter Sebald, *Die deutsche Kolonie Togo 1884–1914: Auswirkungen einer Fremdherrschaft* (2013).

151 Hans Peter Hahn, Review of Sebald, *Anthropos* (2014), S. 742.

152 »Ewe Union opposed by French, British«, *New York Times*, 10. Dezember 1947.

matischen Gründen über Stammesbande und ethnische Gruppierungen. Sie vermied aber rein ethnische Grenzen, da sie dem Entstehen einer gemeinsamen Identität entgegenstünden, die die Voraussetzung für einen selbstregierten, bürgerlichen Nationalstaat war. Die »künstlichen Grenzen« waren also das Produkt eines Glaubens an die gemeinsame Menschlichkeit aller Bürger Afrikas, eine ausdrückliche Ablehnung des traditionellen, stammesbasierten Rassismus und des essentialistischen Rassismus der Antikolonialisten. Künstliche Grenzen sollten die Entstehung einer nicht-ethnischen nationalen Identität ermöglichen, eine wichtige Errungenschaft in der hoffnungslos zersplitterten afrikanischen Landschaft.

Von allen Versuchen der Historiker, den »Mythos« der »Vorzeigekolonie« zu zerschlagen, sind manche so durchschaubar, dass sie sich selbst entlarven, wenn man sie nur zitiert. In Bezug auf die Geschichtsschreibung von Deutsch-Togoland zeigt sich zum Beispiel der US-Historiker Dennis Laumann schockiert, dass einige deutsche Wissenschaftler darum bemüht waren, mit Fakten und Argumenten die unsägliche Karikatur richtig zu stellen, die die britische Propaganda im Ersten Weltkrieg vom Versagen der »Hunnen« gezeichnet hatte. Nicht die britische Kriegspresse war jedoch der »Propaganda« schuldig, sondern diese deutschen Nachkriegsforscher, so Laumann, schließlich belegten alle »Beweismittel«, dass die deutsche Herrschaft in Togoland eine Katastrophe gewesen sei.[153]

153 Dennis Laumann, »A Historiography of German Togoland, or the Rise and Fall of a ›Model Colony‹«, *History in Africa* (2003), S. 204, 208, 211.

Welche »Beweismittel« liegen dieser Behauptung zugrunde? Das Beste, was er zu bieten hat, ist ein Zitat eines togolesischen Historikers aus dem Jahr 1969: »Die Menschen von Togo waren völlig enttäuscht von der Kolonialverwaltung und fanden sie unerträglich.« Das ist keine Tatsache, sondern die unbelegte Behauptung eines Menschen, der nicht dort war. Laumann behauptet zudem, dass die Deutschen »die Togoländer ihrer grundlegenden Freiheiten beraubten«. Welche Freiheiten meint er wohl, im westafrikanischen Kontext Anno 1907? Das Recht, von den Fulanis nicht versklavt zu werden? Das Recht, Stammesraubzüge zu überleben? Das Recht, nicht zu verhungern? Diese grundlegenden Rechte wurden unter den Deutschen so enorm ausgebaut, dass man annehmen muss, dass Laumann eher Dinge wie bezahlte Elternzeit und Transgender-Toiletten meint.

Laumann versucht dann seine Behauptung zu belegen, indem er sich von den – seiner Meinung nach – selbstbeweihräuchernden Kolonialnarrativen abwendet, hin zu den überlieferten mündlichen Traditionen des togolesischen Volkes. Für einen überzeugten Marxisten, für den »das Volk« alle Weisheit in sich vereint, ist das doch ein Standard, an den man sich halten kann. Leider haben die Togolesen ihre Rollen nicht gelernt, die Laumann für sie vorgesehen hat. »Zu meiner großen Überraschung stützt die mündliche Überlieferung die These der Musterkolonie, und betont u. a. den ›Anstand‹, ›Ordnung‹ und ›Disziplin‹ der deutschen Kolonialzeit.« Was machen solche fortschrittlichen Forscher, wenn die Fakten ihrer Ideologie zuwiderlaufen? Sie »wählen das Volk ab«, wie Bertolt Brecht nach dem Aufstand des

17. Juni vorgeschlagen hat. »Mündliche Überlieferung wird von den wirtschaftlichen und politischen Realitäten seiner Zeit beeinflusst, und spiegelt so im Wandel der Zeit vor allem die spezielle Ära seiner Entstehung«, so Laumann. Mit anderen Worten: Das Volk von Togo hat das Vertrauen des Historikers verscherzt und sollte abgewählt werden. Wie gesagt: Zu Gruners Zeiten gab's das nicht!

Kapitel 6
Robert Kochs Heilung der Schlafkrankheit: Der größte Erfolg des Kolonialismus

Unter allen afrikanischen Kolonialmächten war die Fähigkeit der Deutschen, lebensrettende Maßnahmen gegen die Pocken, die Schlafkrankheit sowie allgemeine Bedrohungen der öffentlichen Gesundheit zu ergreifen, ohnegleichen.

Kolonialkritiker argumentieren gerne, dass es ohne den Kolonialismus in der Dritten Welt keine ansteckenden Krankheiten gegeben hätte – eine abstruse Behauptung, da viele Krankheiten (wie die Schlafkrankheit) heimisch waren, und andere (wie die Pocken) auf anderem Wege importiert wurden. Wie der türkische Literaturnobelpreisträger Orhan Pamuk zu Edward Saids Obsession mit den von Briten nach Ägypten importierten Geschlechtskrankheiten sagte, sie hinterlasse den bizarren Eindruck, dass »der Osten ohne den Westen ein Paradies wäre«.[154] Ägyptens einheimische Herrscher haben lange vor der Unabhängigkeit 1922 den Versuchen der Briten, Geschlechtskrankheiten auszurotten, applaudiert. Danach »forderten sie, ihre eigene Regierung solle im Interesse der Bürger auf dem Weg in die Unabhängigkeit dieselben Ordnungsmaßnahmen wie die Briten fortführen«.[155]

Unsere heutigen Kolonialkritiker betrachten gerne Luxusgüter wie öffentliche Gesundheit und Bildung als

154 Orhan Pamuk, *Istanbul: Memories and the City* (2006), S. 291.

155 Hanan Kholoussy, »Monitoring and Medicalising Male Sexuality in Semi-Colonial Egypt«, *Gender & History* (2010), S. 681.

infame Instrumente, um die Bevölkerung zu kontrollieren und ihnen böse moderne Ideen einzupflanzen. Diese »Hermeneutik des Misstrauens« – bei der jede Tatsache und jede Handlung des Westens möglichst negativ interpretiert wird, während alle nicht-westlichen Kulturen mit einer »Hermeneutik des Wohlwollens« betrachtet werden – hängt schwer über allen Diskussionen des Fortschritts im öffentlichen Gesundheitswesen im Kolonialismus.

Der deutsche Kampf gegen die Übertragung von Geschlechtskrankheiten in ihren Kolonien war laut einem Historiker Teil einer »Ausdehnung der Kolonialherrschaft« (böse) als »Agenten der Moderne« (auch böse).[156] Die Tatsache war, dass die Verbreitung ansteckender Krankheiten in allen Teilen der Welt (kolonisiert oder nicht) eine ernsthafte Bedrohung der öffentlichen Gesundheit darstellte, die die deutschen Behörden mit denselben Methoden wie zuhause oder in den Kolonien nach der Unabhängigkeit erfolgreich in den Griff bekamen.

Der größte humanitäre Beitrag der Deutschen war ohne Zweifel die Heilung der Schlafkrankheit, die schon allein das deutsche Kolonialprojekt rechtfertigen würde. Die Schlafkrankheit entsprang nomadischer afrikanischer Hirtenvölker, die mit ihren Bewegungsmustern schon Jahrhunderte vor der Kolonialzeit die Krankheit verbreitet hatten.[157] Die Zunahme intensiver Landwirtschaft

156 Daniel Walther, *Sex and Control: Venereal Disease, Colonial Physicians, and Indigenous Agency in German Colonialism, 1884–1914* (2015), S. 2.

157 Ian Maudlin, »African Trypanosomiasis«, *Annals of Tropical Medicine and Parasitology* (2006).

im Kolonialismus beschleunigte zwar die Ausbreitung, doch das war eine unvermeidliche, unbeabsichtigte Folge des Versuchs, die Landwirtschaft zu modernisieren und die Lebensmittelversorgung zu verbessern.

Nach Berechnung der Briten starben allein in Britisch-Uganda von 1901 bis 1907 zwischen 200 000 und 300 000 Menschen, in ganz Ostafrika im Jahr 1903 eine Million Menschen. »Das Problem der Schlafkrankheit überschattet bei meiner Arbeit hier alles andere«, schrieb der damalige Gouverneur von Uganda. »Die Krankheit wütet unkontrolliert, jeden Monat sterben Hunderte.«[158] Viele der Kranken flohen zu katholischen Missionskrankenhäusern, um von ihren Liebsten nicht im Dschungel den Leoparden zum Fraß vorgeworfen zu werden. Im privaten Besitztum des belgischen Königs Leopold II. im Kongo starben im Jahr 1901 allein 500 000 Menschen, woraufhin der König eine Sonderkommission einberief und internationale Bemühungen anführte, die Verbreitung der Krankheit aufzuhalten. Historiker, die darauf hinweisen, dass die Bedrohung für die Bevölkerung des Kongos durch die Schlafkrankheit viel größer war als durch Leopolds Gummiplantagen, werden als »Apologeten« abgetan, obwohl die Bemühungen des Königs im Kongo Millionen Leben retteten.[159]

Die europäischen Kolonialmächte beriefen eine Internationale Konferenz zur Bekämpfung der Schlafkrankheit ein, im Rahmen derer deutsche Forscher als

158 Hesketh Bell, *Glimpses of a Governor's Life* (1946), S. 112f.

159 Adam Hochschild, *King Leopold's Ghost* (1998), S. 231.

erste die Tsetse-Fliege als Krankheitsüberträger identifizierten und Methoden entwickelten, Patienten zu isolieren und das Habitat der Tsetse-Fliege einzugrenzen. Fünfzehn medizinische Forschungsexpeditionen reisten zwischen den Jahren 1901 und 1913 nach Afrika, um die Schlafkrankheit zu erforschen. 1908 einigten sich das Deutsche und Britische Reich, für infizierte Afrikaner die Grenzen zu sperren, 1911 unterschrieben sie eine gemeinsame Übereinkunft zur Bekämpfung der Schlafkrankheit in Westafrika. Die deutschen Bemühungen waren von Erfolg gekrönt: Von den 4000 Fällen, die zwischen 1908 und 1911 behandelt wurden und dessen Ergebnis bekannt war, wurden 62 Prozent mit Palliativmitteln erfolgreich behandelt – für eine Krankheit mit einer Mortalitätsrate von 80 bis 90 Prozent eine ziemliche Leistung.[160]

Die Briten, Franzosen und Belgier lobten die deutschen Bemühungen und gewährten den Deutschen Zugang zu ihren Kolonien zum Zwecke der Forschung und Behandlung. Ein einheitliches Gesundheitssystem für Tropenmedizin war für die Zeit nach dem Ersten Weltkrieg in Planung. Die Arbeit der deutschen Koryphäe Robert Koch, Leiter der internationalen Expedition nach Britisch-Uganda und Deutsch-Ostafrika 1906–07, »wird sogar von den Feinden Deutschlands als Kulturleistung höchsten Grades anerkannt«, so die amerikanische Akademikerin Mary Townsend.[161]

160 Wolfgang Eckart, »The Colony as Laboratory: German Sleeping Sickness Campaigns in German East Africa and in Togo, 1900–1914«, *History and Philosophy of the Life Sciences* (2002), S. 78.

161 Mary Evelyn Townsend, *The Rise and Fall of Germany's Colonial Empire, 1884–1918* (1966), S. 296.

Robert Koch besucht 1906 Schlafkranke am Victoriasee. (Robert-Koch-Institut)

Die deutschen Behörden genossen in den Forschungs- und Therapiezentren das größte Vertrauen der Stammesführer, die sich der Gefahr für ihre Bevölkerungen bewusst waren. Der *Mukama* des Königreichs Ziba am Viktoriasee in Deutsch-Ostafrika, Häuptling Mutahangarwa (siehe oben), war ein genauso großer Fürsprecher des deutschen Therapiezentrums wie bei früheren Gesundheitskampagnen. Die »hilfreichen Menschen« des Königs, wie er sie nannte, bauten Lager und Labore, und führten Volkszählungen und Quarantänen durch. Das deutsche Krankenlager lockte jeden Tag hunderte Kranke an, und der König sonnte sich für seine Vision als moderner Anführer in der Bewunderung seines Volkes.[162] Kochs Durchbruch kam

162 Mari Webel, »Ziba Politics and the German Sleeping Sickness Camp at Kigarama, Tanzania, 1907–14«, *International Journal of African Historical Studies* (2014).

kurz vor seinem Tod 1910. Er erfand dabei den Begriff »Chemotherapie« für die Verwendung synthetisch hergestellter Chemikalien, die am Schlafkrankheitserreger andockten und ihn abtöteten.[163]

Trotz des Verlustes aller Kolonien durch den Vertrag von Versailles forschten die Deutschen weiter, obwohl deutsche Wissenschaftler im Nachkriegsafrika oft von der Forschungsgemeinde ausgeschlossen wurden. Im Jahr 1916 entwickelten Kochs Kollegen den ersten Impfstoff, 205 Bayer, und tauften ihn patriotischerweise »Germanin«. Berlin bot den Siegermächten den Impfstoff im Gegenzug für die Wiederherstellung der deutschen Kolonien an, was jedoch auf Ablehnung stieß. Stattdessen kopierte der französische Pharmakologe Ernest Fourneau vom Pasteur-Institut den Impfstoff ausgehend von den Bayer-Patenten und nannte ihn 309 Fourneau. Damit bekämpften die Franzosen in den 1920er Jahren einen Ausbruch der Schlafkranheit in Französisch-Kamerun und Französisch-Äquatorialguinea. Zwischen 1925 und 1935 behandelte nur in Kamerun und Obervolta der französische Arzt Eugene Jamot »hunderttausende« Fälle.

Das deutsche Heilmittel für die Schlafkrankheit stellt eine der größten Errungenschaften und gleichzeitig die Krönung des gesamten europäischen Kolonial-Projekts dar. Als solches erfordert es von den kolonialkritischen Historikern beinahe heldenhafte Bemühungen, um es zu diskreditieren. Die größte Leistung des Kolonialismus sei nichts anderes als ein Versuch, »europäische Vorherrschaft zu etablieren« und basiere auf »systema-

163 Robert Koch, *Gesammelte Werke* (1912).

tischer Diskriminierung«, so die konfuse Darstellung eines besonders verwirrten Professors.[164]

Solche modernen Kritiker, denen alle Vorzüge der »westlichen Schulmedizin« und öffentlicher Gesundheitssysteme zur Verfügung stehen, haben kein Problem damit, schwarze und braune Menschen dem Medizinmann und der Seuche zu überlassen, um ihr hehres antikoloniales Gutmenschentum zu bewahren. Lassen wir zwei Historiker aus Ghana das Fazit zum deutschen Heilmittel für die Schlafkrankheit ziehen: »Aufgrund dieser einen medizinischen Errungenschaft kann man die deutsche Präsenz in Afrika als völlig gerechtfertigt bezeichnen. Unter dem Strich kann kein Afrikaner behaupten, die Deutschen hätten nichts Wertvolles beigetragen.«[165]

164 Bradley Naranch, »German Colonialism Made Simple«, in *German Colonialism in a Global Age* (2014), S. 12.

165 Isaac Brako and Seth Peter Frimpong, »German Colonialism in West Africa: A Legacy of Mixed Results«, in *Germany and Its West African Colonies* (2013), S. 226, 229.

Kapitel 7
Die Südsee: Der Glockenturm von Ponape

Die deutschen Kolonien im Südpazifik Deutsch-Samoa und Deutsch-Neuguinea waren winzig, weit weg, verstreut und nur von kurzer Lebensdauer. Seit dem 16. Jahrhundert waren die Südseeinseln immer mehr mit Japan und dem Westen in Kontakt geraten. Es gibt keinen vorstellbaren alternativen Geschichtsverlauf, in dem diese Inseln weiterhin in einem Zustand paradiesischer Isolation hätten fortbestehen können, ohne jeglichen Kontakt zur Außenwelt. Reichskanzler Bismarck nahm Anfang der 1880er Jahre plötzlich großes Interesse an der Einrichtung eines »deutschen Java«, da er in der holländischen Kolonie von Batavia und in deren Kaffee- und Kautschukimperium ein Vorbild für das Deutsche Reich sah. Die Deutschen lösten in der Südsee im Wettstreit mit den Briten und Niederländern die abziehenden Spanier ab. Und alle drei hatten mit der aufkommenden Vormacht der Pazifikmächte Japan und USA zu kämpfen.

Bemerkenswert an der deutschen Kolonialerfahrung im Pazifik war, wie wenig sie mit der deutschen Kolonialgeschichte in Afrika gemein hatte. Die Deutschen benahmen sich im Pazifik eher wie Museumskuratoren und Kulturbeauftragte, statt wie Kolonialherrscher aufzutreten. Der einheimische »Widerstand«, dem sie begegneten, war sporadisch und selten. Die deutsche Herrschaftsübernahme kam in diesen Gebieten sehr natürlich und locker daher, ohne die mühsame und unbequeme Staatenbildung, die in Afrika vonnöten war. Wenig überraschend richten kolonialkritische Forscher also, wie im Beispiel der »Vorzeigekolonie Togoland«, ihre Kanonen auf das »Märchen eines friedlichen Südpazifiks« in der deutschen Kolonialgeschichte. Jeder Giftpfeil, den irgendein jugendlicher Lausbub auf einen deutschen Kolonialoffizier abgefeuert hat, wird so zu einem Akt des »antikolonialen Widerstands« geradezu Wagner'scher Dimension aufgeblasen. Dabei ist die tatsächliche Geschichte des »friedlichen Südpazifiks« alles andere als ein Märchen.

Der größte deutsche Kolonialbesitz in der Südsee war Deutsch-Neuguinea, eine weitläufige Inselansammlung mit Hauptquartier auf dem Nordostzipfel der Insel Neuguinea, welche mit den Holländern und Engländern geteilt wurde. Sie wurde dem Reich von der 1884 gegründeten Neu-Guinea-Compagnie übergeben, die das Gebiet nur allzu gerne 1899 abgab, da die Verwaltungskosten die Gewinne um das achtfache überstiegen. Eine andere Kolonialgesellschaft, die Compagnie Jaluit, übergab ihre Inselvorposten 1906 der Verwaltung von Deutsch-Neuguinea. Wie im Falle der belgischen Verstaatlichung der Privatkolonie von König Leopold II. 1908 läutete die deutsche Verstaatlichung dieser privatwirtschaftlichen Kolonien ein Zeitalter der raschen Entwicklung ein. Staatlicher Kolonialismus funktionierte viel besser als privatwirtschaftlicher Kolonialismus, und die privatwirtschaftlichen Unternehmer waren allzu glücklich, die Last der Kolonien los zu sein.[166]

Die deutschen Beamten in Neuguinea taten genau das, was man als vernünftiger Verwalter einer entlege-

166 Richard Parkinson, *Dreißig Jahre in der Südsee: Land und Leute, Sitten und Gebräuche im Bismarckarchipel und auf den deutschen Salomoinseln* (1907).

nen Inselkette machen würde: Sie bauten die Häfen und die Handelsinfrastruktur aus, identifizierten heimische Waren wie Perlen, Kopra, Guano und Phosphat, die gewinnbringend exportiert werden können; und sie schufen eine einheitliche Verwaltungsstruktur. Die deutschen Beamten bemühten sich mit Polizeikräften, Praktiken wie den Kannibalismus auszurotten. Schnee schrieb: »Sicher kann niemand etwas haben gegen die ›kleinen Kriege‹ gegen Eingeborenen-Stämme Neuguineas, welche die freundliche Angewohnheit hatten, ihre Nachbarstämme zu überfallen, Gefangene zu nehmen und sie zum Mästen für ihre Kannibalenfeste zu verschleppen?«[167] Heute protestieren fortschrittliche Anthropologen sogar gegen die europäische Ausrottung des Kannibalismus in Afrika und Asien als Form der westlichen Unterdrückung.[168]

Wie in Afrika begegnen die postkolonialen Kritiker den deutschen Leistungen in Bezug auf Geographie, Botanik, Zoologie, Linguistik und Geschichte der Südseekolonien mit Häme und Arroganz. So nahm der Hamburger Ethnologe Paul Hambruch von 1908 bis 1910 an Südsee-Expeditionen teil, um die Völker der Deutschen Pazifikkolonien zu erforschen. Sein unschätzbar wertvolles dreibändiges Werk bildete die Grundlage aller anthropologischen und historischen Studien der Region.[169] Für seine Kritiker ist jedoch alles, was Hambruch entdeckt und festgehalten hat, nur ein »Kolonialnarrativ«.

167 Heinrich Schnee, *German Colonization, Past and Future* (1926), S. 115.

168 Shirley Lindenbaum, »Thinking about Cannibalism«, *Annual Review of Anthropology* (2004).

169 Paul Hambruch, *Ponape: Ergebnisse der Südsee-Expedition 1908–1910* (1932).

Obwohl es das ausdrückliche Ziel der Expedition war, Vorstellungen rassischer Überlegenheit zu diskreditieren, werfen seine Kritiker Hambruchs Werk »rassistische Untertöne« vor – ein unwiderlegbarer Vorwurf. Der amerikanische Völkerkundler Glenn Petersen behauptete gar, Hambruchs ehrliche Darstellung der vorkolonialen Stammeskriege auf den Südseeinseln sei nur eine protofaschistische Freud'sche Fehlleistung: »Seine Ansichten nehmen die Lebensraum-Theorie vorweg.« Petersen muss zwar einräumen, dass Stammesfehden auf der Insel Ponape (Pohnpei) in der vorkolonialen Ära allgegenwärtig waren. Aber der Grund für diesen Bürgerkrieg war nach Petersen nicht etwa die Unterdrückung anderer, sondern die Wiederherstellung des Gleichgewichts zwischen den Stämmen, denn »die Pohnpei'sche politische Theorie war fundamental um die Gewaltenteilung, gegenseitige Kontrolle und Ausgleich aufgebaut, sowie um den Widerstand gegen die Zentralisierung der Gewalt und Autorität (auch wenn es nach außen nicht so wirkt).«[170] Eine kaum zu widerlegende Behauptung, denn die »Pohnpei'sche politische Theorie« existiert wohl nur in Professor Petersens Fantasie.

Zu Hambruchs Zeiten war die Vorstellung absoluter Objektivität in der wissenschaftlichen Forschung noch als Schlüssel zu unvoreingenommener Gleichstellung anerkannt. Petersen ist jedoch durch eine postmoderne Ära geprägt, in der der sanfte Rassismus des kulturellen Relativismus vorherrscht. Anstatt die ständigen

170 Glenn Petersen, »Hambruch's Colonial Narrative: Pohnpei, German Culture Theory, and the Hamburg Expedition Ethnography of 1908–10«, *Journal of Pacific History* (2007), S. 329, 327.

Stammeskriege zu verurteilen, lobt er sie als »Teil der Pohnpei'schen politischen Theorie«, oder, in einem anderen Werk, als »dynamischen Aspekt der mikronesischen Regierungsformen«. Petersen beschrieb dieses Buch als »Hommage« an die Menschen von Ponape, um traditionelle Praktiken wie Kannibalismus und Stammeskriege zu feiern.[171]

Wie in Afrika durchlief die deutsche Kolonialherrschaft eine rasche Entwicklung von der territorialen Machtübernahme zum Aufbau einer Verwaltung und schließlich immer liberalerer Reformen. Auf der Insel Chuuk beendeten die Deutschen zum Beispiel die Stammeskriege, indem sie drei verfeindete Häuptlinge als Mörder verhafteten und einsperrten und alle Waffen konfiszierten. »Der Umschwung auf der Insel Chuuk, die für ihre Gewalttätigkeit bekannt war, war wie ein Wunder, als hätten die Einwohner von Chuuk all diese Jahre nur auf eine Regierung gewartet, ob einheimisch oder fremd, die stark genug war für Ordnung zu sorgen«, so ein Jesuitenpriester, der 1963 ankam und die mündliche Geschichtsschreibung all derer aufschrieb, die sich noch erinnern konnten. Die Einwohner von Chuuk händigten nach dieser Darstellung ihre Waffen »mit Erleichterung darüber aus, dass die ewigen Stammeskriege endlich vorbei waren«.[172]

Auf der Insel Yap, die westlichste Insel von Deutsch-Neuguinea, war die deutsche Herrschaft »ein phänome-

171 Glenn Petersen, *Traditional Micronesian Societies: Adaptation, Integration, and Political Organization* (2009), S. 148–156.

172 Francis Hezel, *Strangers in Their Own Land: A Century of Colonial Rule in the Caroline and Marshall Islands* (1995), S. 98.

naler Erfolg«, wie der amerikanische Jesuit und mündliche Historiker Francis Hezel schrieb. Es gab dort genau einen deutschen Polizeihauptmann und 11 eingeborene Polizisten. Ihre Hauptbeschäftigung war der Straßenbau. Die alltäglichen Regierungsgeschäfte oblagen einem Ältestenrat aus acht Häuptlingen unter der Aufsicht eines einzigen deutschen Beamten, Arno Senfft, der von 1901 bis 1909 vor Ort war.

Wie Hahl führte Senfft Regierungsreformen durch, um die Rolle der Häuptlinge zu modernisieren. Und wie Hahl ist er deshalb ein gefundenes Fressen für akademische Kritiker, die finstere Anmerkungen über die »Pathologie« und »Subversion« seiner Reform machen, die Yap aus der Steinzeit in die Moderne holte. Die Kontinuität der Lebensweise auf Yap bewiesen die Baströcke, Lendenschürze und die nackten Brüste, die in der fortgeschrittenen Philosophie ein Zeichen des »Widerstands« waren.[173]

Senfft genoss auf Yap große Beliebtheit, nicht zuletzt aufgrund seiner unerschöpflichen Neugier die Einheimischen betreffend und wegen des unschätzbar wertvollen Wissens, das er zurückgelassen hat.[174] Nach 10 Jahren wirtschaftlicher Blüte, sozialen Reformen und Frieden hinterließ er einen so bleibenden Eindruck, dass er Jahrzehnte später noch als »Großvater von Yap« bezeichnet wurde, wie Hezel feststellte. Senfft beauf-

173 Ira Bashkow, »The Dynamics of Rapport in a Colonial Situation« in *Colonial Situations: Essays on the Contextualization of Ethnographic Knowledge* (1991), S. 192–193, 195.

174 Arno Senfft, »Ethnographische Beiträge über die Karolineninsel Yap«, *Dr. A. Petermanns Mitteilungen aus Justus Perthes Geographischer Anstalt* (1903); Arno Senfft, *Wörterverzeichnis der Sprachen der Marshall-Insulaner* (1900).

sichtigte die Schaffung eines Straßennetzes, eines steinernen Piers und eines ein Kilometer langen Kanals ins Landesinnere der Hauptinsel, um den Bewohnern der beiden nördlichen Inseln leichteren Zugang zu verschaffen. Bei der feierlichen Einweihung »schmückten Fahnen und Girlanden beide Seiten des Kanals, während eine Flotilla aus einhundert Einbäumen und zwanzig Booten zu den Klängen einer philippinischen Kapelle und dem Jubel der Arbeiter den Wasserweg hinauffuhr. Die Feierlichkeiten im Fackelschein dauerten zwei weitere Nächte.«[175]

Die Westhälfte von Samoa geriet unter einem Abkommen von 1899 unter deutsche Verwaltung, nach einem gescheiterten zehnjährigen Experiment eines britisch-amerikanisch-deutschen Protektorats. Die Stammeskriege des 19. Jahrhunderts auf Samoa existierten lange vor der Ankunft der Europäer und drehten sich um die verschiedenen Clans und Fraktionen, die sich gegenseitig den Herrschaftsanspruch streitig machten. Diese Bürgerkriege spalteten die Bewohner von Samoa, die auf eine zentrale Macht warteten. Die zentralisierte Gewalt der deutschen Herrschaft brachte Samoa eine enorme wirtschaftliche Blüte. Die deutschen Händler und Beamten nahmen sich einheimische Frauen, woraus sich eine einzigartige deutsch-samoanische Kultur entwickelte. Als ein junger deutscher Rassehygieniker namens Carl Eduard Michaelis 1911 eintraf und in einem Artikel in der *Samoanischen Zeitung* die Rassenmischung anprangerte, wurde er von einer wütenden Meute sa-

175 Francis Hezel, *Strangers in Their Own Land: A Century of Colonial Rule in the Caroline and Marshall Islands* (1995), S. 107.

moanischer Frauen mit Stöcken und Peitschen die Straße hinaufgejagt, da sie um ihre geschätzten Verbindungen zu deutschen Männern fürchteten.[176] Die deutschen Beamten vor Ort verwiesen ihn als Unruhestifter der Insel.[177]

Der Hauptexport von Samoa war Kopra, das getrocknete Fleisch von Kokosnüssen, aus dem Kokosöl für Seife und Kerzen gewonnen wurde. Wenn sie etwas dazuverdienen wollten, arbeiteten die Samoaner auf den europäischen Plantagen, aber ernteten sonst ihre eigenen Kokosbäume und blieben zumeist bei ihren steinzeitlichen, vorkolonialen Lebensformen, zu denen wochenlange Festlichkeiten bei der Ankunft von Fremden zählten. Um diese Lebensform zu bewahren, wurden 1899 und 1907 Gesetze erlassen, um bis auf ein kleines Plantagengebiet um die Hauptstadt Apia den Verkauf von samoanischen Immobilien zu verbieten und jedem Samoaner 1,3 Hektar Land zu geben. In den letzten fünf Jahren der deutschen Herrschaft lieferten Samoaner drei Fünftel aller Kokos- und Kopraexportprodukte durch ihre einheimischen Familien- und Gemeinschaftsfarmen, mehr als die Europäer produzierten.[178]

Historiker, die Agenda-bedingt einen Keil zwischen Deutsche und Samoaner treiben wollen, sehen die unstete Beschäftigung der Einheimischen auf den europä-

176 Carl Eduard Michaelis, »Offener Brief an den Pflanzerverein von Samoa«, *Samoanische Zeitung*, 1. April 1911.

177 Matthew Fitzpatrick, »The Samoan Women's Revolt: Race, Intermarriage and Imperial Hierarchy in German Samoa«, *German History* (2017).

178 Peter Hempenstall, *Pacific Islanders Under German Rule: A Study in the Meaning of Colonial Resistance* (1978), S. 25.

ischen Plantagen als Zeichen des »Widerstands« gegen die Kopraexportwirtschaft. Aber sobald Samoaner ihre eigenen Kopraplantagen einrichteten, fiel das auch unter »Widerstand«. Und wenn sie beides taten, dann war auch das »Widerstand«.[179] Es liegt näher zu sagen, dass die Samoaner die Sicherheit und die Möglichkeiten der deutschen Herrschaft mehr schätzten, als alle zur Verfügung stehenden Alternativen, und sich entsprechend benahmen.

Die Amtszeit des Gouverneurs Albert Hahl von 1902 bis 1914 auf Neuguinea brachte eine extrem liberale Phase der deutschen Herrschaft. In seiner Anfangszeit als Verwalter auf der Insel Ponape baute Hahl eine neue Regierungsstruktur der lokalen Stammesführer auf, mit einem Verbindungsbeamten zur Kolonialverwaltung. Es war ein eher zupackender Zugang an die Aufgabe der Regionalverwaltung verglichen mit dem britischen Modell der »indirekten Herrschaft«, da die deutschen Beamten schon auf der lokalen Ebene vertreten waren. Hahl stellte die 13 wichtigsten Anführer auf Ponape als Beamte ein. Er verrichtete seine Arbeit auf der Insel ohne Militäreskorte und gewährte den Einheimischen Zutritt zum Amtssitz. Er ließ seinen eigenen Wohnsitz außerhalb der alten spanischen Festung bauen – ohne Mauern oder Wachen. Er betrachtete den deutschen Kolonialismus als Ausdruck des deutschen, europäischen und freiheitlichen Erbes, und überzeugte damit auch die Einheimischen.[180] Als

179 Holger Droessler, »Copra World: Coconuts, Plantations and Cooperatives in German Samoa«, *Journal of Pacific History* (2018).

180 Albert Hahl, *Zur Geschichte der kolonialen Betätigung der europäischen Völker* (1924).

Hahls Kolonialsekretär 1910 ermordet wurde, sorgte Hahl dafür, dass seine Tagebücher veröffentlicht wurden, um jeden Verdacht den Mord betreffend auszuräumen.[181] Es war ein gewöhnliches Verbrechen und kein »Akt des Widerstands«.

Die Landreform auf Ponape im Jahr 1910 verlieh 1100 Familien Grundbesitz und war Teil einer Kampagne, um die Einheimischen von ihrer Leibeigenschaft und Abhängigkeit von den traditionellen Häuptlingen zu befreien. Zum ersten Mal wurde auch das Recht der Häuptlinge beschnitten, Hand- und Spanndienste sowie Nahrungsmittelabgaben und Geschenke bei Gemeindefesten einzufordern, deren Anzahl von 22 im Jahr auf gerade noch eins reduziert wurde. Auf diese Weise war der deutsche Kolonialismus bestrebt, die Rolle der Häuptlinge von vormodernen Despoten, die nach Gutdünken herrschten, in die moderner Verwalter umzupolen, die nach festgeschriebenen Regeln handelten. Die Häuptlinge behielten die Kontrolle über ihre angestammten Bereiche wie Streitschlichtung und Steuereintreibung.

Mit anderen Worten: Die Deutschen taten genau das Richtige, wandelten die Stammesregierung von einer »intuitiven« Herrschaftsform basierend auf persönlichen Beziehungen zu einer »abstrakten« Herrschaft, die auf neutralen Regeln und Instanzen aufgebaut war. Wie ein Forscher widerwillig zugab, wurden unter Hahl »Projekte realisiert, die nur ein paar Jahre früher unmöglich gewesen wären (…) Künftige Generationen von

181 Rudolf Brauckmann, *Kolonialdienst in der Südsee: Brieftagebuch des Kolonialsekretärs Rudolf Brauckmann* (1939).

Ponape'ern sollten die deutsche Herrschaft als die fortschrittlichste Periode ihrer Geschichte in Erinnerung behalten.«[182]

Hahls Erinnerungen, die 1937 veröffentlicht wurden, sind ein Denkmal an den Humanismus des deutschen Kolonialismus im Pazifik.[183] Er vollzog den schwierigen Spagat, den Inseln wirtschaftlichen Erfolg zu bringen, die Einheimischen gleichzeitig vor Ausbeutung zu schützen und die demokratische Mitwirkung zu fördern. Er »sah die Einwohner von Neuguinea als Individuen«, so ein Rezensent, »und verstand ihre Zwickmühle im Angesicht der fortschreitenden Kolonialherrschaft«.[184] Eine Fotosammlung aus dieser Ära Neuguineas aus dem Jahr 2016 ist ein bemerkenswertes Testament an die kooperativen, modernisierenden Leistungen des deutschen Kolonialismus.[185]

Es darf uns mittlerweile nicht wundern, dass die Kolonialkritiker Hahl als gefundenes Fressen betrachten und sich völlig verausgaben, um seine milde humanitäre Politik als niederträchtiges Komplott darzustellen. Eine marxistische Gelehrte, Margarete Brüll der Universität Freiburg, ist der Meinung, Hahls Begrenzung der Plantagenarbeit (die eine Marxist*in eigentlich begrüßen sollte, würde man meinen) war nicht etwa dazu

182 Peter Hempenstall, *Pacific Islanders under German Rule: A Study in the Meaning of Colonial Resistance* (1978), S. 117–118.

183 Albert Hahl, *Gouverneursjahre in Neuguinea* (1937); siehe auch: Albert Hahl, *Deutsche Kolonien in der Südsee* (1938).

184 Nigel Oram, Review of Albert Hahl, Governor in New Guinea (1975), *Journal of the Polynesian Society* (1982), S. 153.

185 Hermann Mückler, *Die Marshall-Inseln und Nauru in deutscher Kolonialzeit: Südsee-Insulaner, Händler und Kolonialbeamte in alten Fotografien* (2016).

gedacht, das traditionelle Dorf- und Familienleben zu bewahren, damit Väter mehr Zeit für ihre Kinder hätten, wie Hahl behauptete. Im Gegenteil ist Prof. Brüll der Meinung, der niederträchtige Unterdrücker wollte nur die Entwicklung eines Bewusstseins der Arbeiterklasse verhindern, die den Kapitalismus gefährden könnte: »Die kapitalistische Produktionsweise brauchte die einheimische, unbezahlte Subsistenzproduktion, um konkurrenzfähig zu sein und konnte sich die Bildung eines einheimischen Proletariats nicht leisten.«[186] Andere Kolonialkritiker verurteilen genauso vehement jede deutsche Kolonialpolitik, die die Menschen *ermunterte*, auf den Plantagen zu arbeiten. Wie man's macht, ist's verkehrt.

Bizarrerweise fügt Brüll als Kritikpunkt hinzu, dass Hahls erfolgreiche Politik dazu geeignet war, »die Einheimischen gefügig und die Kolonie wirtschaftlich erfolgreich werden zu lassen«.[187] Wohlstand und Erfolg, so die staatlich alimentierte Professorin, würden deren Widerstand gegen die »kapitalistische Ideologie« schwächen.[188] Deutsche, die sich für die Kolonialgeschichte interessieren, so die Dame, sollten ausschließlich marxistische Literatur dazu lesen, die die Einheimischen als »handelnde und denkende Subjekte« betrachtet. Der Marxismus hat viele Facetten, aber die Betonung des Individuums als handelndes und denkendes Subjekt gehört wohl eher nicht dazu.

186 Margarete Brüll, »Die deutschen Kolonien in der Südsee«, *www.freiburg-postkolonial.de* (1995), S. 6.

187 Ebd., S. 7

188 Ebd., S. 15.

Die Debatte über die deutschen Südseeplantagen provoziert – wie die öffentlichen Infrastrukturprojekte in Togoland – Vorwürfe, die Deutschen hätten »Sklavenkolonien« betrieben. Der australische Historiker Stewart Firth war der erste, der völlig überzogen scheinende Sterblichkeitsraten von 20 bis 30 Prozent für die einheimischen und importierten Plantagenarbeiter in der deutschen Südsee aufbrachte.[189] Er bezog sich dabei in erster Linie auf Hahls Berichte, mit denen er den Arbeitsdienst bekämpfen wollte.

Eine genauere Untersuchung der »Tatsachen« der Gesundheit und Sterblichkeit unter Arbeitern in den deutschen Pazifikkolonien durch seinen australischen Landsmann Peter Sack ergab, dass: (1) die Sterblichkeit viel geringer war, vermutlich eher vergleichbar mit britischen und niederländischen Kolonien; (2) Europäer auf den Plantagen und Arbeitsprojekten eine ähnliche Sterblichkeit auswiesen; und (3) dass bis zum Jahr 1914 diese Sterblichkeitsraten unter 1 Prozent gefallen waren, ähnlich wie im Deutschen Reich selbst. Sack fand außerdem, dass Firths Vorwürfe der Nahrungsmittelknappheit, rücksichtsloser Landnahme und verantwortungsloser öffentlicher Verwaltung unbegründet waren.

Die wenigen Beispiele der Zwangsarbeit waren im Vergleich zu den 10 000 freiwilligen Arbeitern, die allein 1913 in Deutsch-Neuguinea rekrutiert wurden, zu vernachlässigen, so Sack. Der gute Ruf ihrer Arbeitsverträge und -bedingungen eilte den Deutschen voraus und machte die Rekrutierung freiwilliger Arbeiter leicht.

189 Stewart Firth, *New Guinea under the Germans* (1983).

Firths »laxer Umgang mit den Tatsachen« so wie sein »feuriger, impressionistischer Pi-mal-Daumen-Stil« legten den Schluss nahe, dass »die Zeit noch nicht reif ist« für eine objektive Geschichtsschreibung des deutschen Kolonialismus, so Sack.[190] Das war 1985. Seitdem hat sich leider nicht viel geändert.

Firth rechtfertigte seinen Ansatz der Geschichtsschreibung mit der französischen Vorliebe für Belletristik über dem teutonischen Beharren auf schnöde Fakten.[191] Sack erwiderte, der Trend in der Geschichtsschreibung, weg von den objektiven Tatsachen hin zum politisch motivierten Narrativ, werfe ein größeres Problem auf:

»Was ist die Aufgabe des Historikers, genauer gesagt, des akademischen Historiographen? Ist es ihre Aufgabe, ihrer Leserschaft ein besseres intellektuelles Verständnis eines bestimmten historischen Abschnitts zu vermitteln? Ist es ihre Aufgabe, ihre Leserschaft zu unterhalten oder sie politisch-ideologisch zu ertüchtigen, vor allem wenn sie im Umgang mit dem Thema der Kolonialgeschichte die gegenwärtige Bevölkerung der ehemaligen Kolonie als ihr wichtigstes Publikum ansehen?

Dient der Historiker primär seinem Publikum oder hat er übergeordnete berufliche Pflichten? Für die Historiker der deutschen Kolonialherrschaft auf den nördlichen Salomoninseln, die es als ihre Aufgabe ansehen, den Menschen dieses Landes zur »Selbstbestimmung« zu verhelfen, sind meine vorgebrachten Einwände

190 Peter Sack, »A History of German New Guinea: A Debate about Evidence and Judgement«, *Journal of Pacific History* (1985), S. 92, 94.

191 Stewart Firth, »German New Guinea: The Archival Perspective«, *Journal of Pacific History* (1985).

nicht von Belang, denn es geht ihnen gar nicht um die Tatsachen. Tun diese Historiker den Salomoninsulanern einen Gefallen, wenn sie ihnen eine unkritische Auswahl von Fakten liefern, die Gefallen findet, weil sie die düsteren Seiten des Kolonialismus herausstellt? Oder wäre es besser, wenn sie ihre Vorfahren nicht als hilflose Opfer darstellten, sondern als erwachsene Menschen, die durchaus in der Lage waren, die Umstände während der Kolonialherrschaft zu ihren Gunsten zu gestalten? (...) Ich bezweifele, dass es in diesem Prozess langfristig von Nutzen ist, nur Informationen zu sammeln, die die Leute gerne hören wollen und solche Informationen zu ignorieren, die dem ideologisch entgegenstehen oder dem Narrativ nicht dienen.«[192]

Das umfassendste Einzelwerk zu den deutschen Südseekolonien stammt von Hermann Hiery, einem Historiker der Universität Bayreuth.[193] Hiery argumentierte, die deutsche Verwaltung der Kolonien im Südpazifik schnitt überdurchschnittlich gut ab, nicht nur im Vergleich zur vorkolonialen Geschichte der Inseln, sondern auch im Vergleich zum britischen, französischen und holländischen Kolonialismus in der Region, und erst recht im Vergleich zur späteren Verwaltung durch den Völkerbund und die Vereinten Nationen.[194] Dieses Werk sei mit den Worten eines Rezensenten, »eine fundierte Verteidigung der deutschen kulturellen und wissenschaftlichen Errungenschaften im

192 Peter Sack, »German Colonial Rule in the Northern Solomons«, in *Bougainville Before the Conflict* (2005), S. 100.

193 Hermann Hiery, *Das Deutsche Reich in der Südsee (1900–1921): Ein Annäherung an die Erfahrungen Verschiedener Kulturen* (1995).

194 Hermann Hiery, *The Neglected War: The German South Pacific and the Influence of World War I* (1995).

Pazifik.«[195] Ein amerikanischer Historiker fasste seine Beobachtungen folgendermaßen zusammen:

Die deutschen Beamten legten die Grundlage einer Beziehung zu den Einheimischen, jenseits bloßer Koexistenz und produzierten eine Symbiose, die für beide Seiten nützlich war. Die Akzeptanz der lokalen Maßnahmen und Traditionen wurde höher bewertet als europäische Forderungen nach Innovation und Fortschritt. Diese beidseitig akzeptierte Philosophie stand laut Hiery im Mittelpunkt einer Beziehung, die beiden Seiten nutzte. Die beiderseitigen Pflichten und Verantwortlichkeiten waren klar umrissen. Die Einheimischen genossen Freiheiten und Vorrechte, die die Deutschen nicht anrühren konnten, sondern deren Gewährleistung sie sicherten. Einheimische hatten das Recht, Einwände gegen deutsche Vereinnahmung ihrer Gebiete geltend zu machen. Die »Pax Germanica« war ein Anreiz für die Einheimischen, sich dem deutschen Kolonialprojekt anzuschließen. Das galt vor allem für Frauen, die den neuen Frieden dem ewigen Krieg und den Stammesfehden ihrer Männer vorzogen. Nach Hiery war die Politik der Deutschen im Pazifik nicht wirtschaftlich motiviert und die Kolonialverwaltung erstaunlich liberal, wenn es darum ging, den Menschen die Freiheit zu lassen, ihre traditionellen Lebensweisen zu pflegen und ihnen dabei gleichzeitig europäische Bildungs-, Entwicklungs- und Gesundheitsprogramme zur Verfügung zu stellen.[196]

195 Peter Overlack, Review of Das Deutsche Reich in der Südsee, *Journal of Military History* (2001), S. 810.

196 Andrew Carlson, Reviews of The Neglected War and Das Deutsche Reich in der Südsee, *American Historical Review* (1997), S. 123f.

Hiery outete sich als pro-kolonial mit einem Artikel im Jahr 1992, in dem er nachwies, dass eine angebliche »Rebellion« in Madang auf der Hauptinsel Neuguinea 1904 eher der Fantasie ängstlicher Siedler entsprungen war. Antikoloniale Historiker stürzten sich jedoch auf diesen Pseudo-Aufstand als Zeichen des »Widerstands«. Sowohl die Siedler wie die antikolonialen Wissenschaftler wollten unbedingt aufzeigen, dass es diesen Widerstand gab, erstere, um ihn zu verurteilen und letztere, um ihn zu feiern.[197]

Natürlich hat der deutsche Wissenschaftsbetrieb den frechen Professor Hiery abgestraft dafür, dass er es gewagt hatte, derart aus der Reihe zu tanzen. Nicht etwa, weil an seinen Fakten etwas auszusetzen gewesen wäre, sondern nur weil seine Auslegung der Fakten nicht passte. Jeder Zweifel am allgemeinen antikolonialen »Widerstand« sei demnach von vorneherein unzulässig. Der Historiker habe sich an seinem »moralischen Kompass« zu orientieren, so Klaus Neumann.[198] Da der Ausgangspunkt für jeden anständigen »moralischen Kompass« die Boshaftigkeit des deutschen Kolonialismus sein muss, ist die einzig akzeptable Auslegung der Fakten und Ereignisse jene im Sinne des »antikolonialen Widerstands«. Sobald sie also ins Deutungsmuster des antikolonialen Widerstands gepresst wurden, untermauern diese Fakten und Ereignisse wiederum den Schluss, dass der deutsche Kolonialismus böse sei. Eine perfekte Tautologie.

197 Hermann Hiery, »The Madang Revolt of 1904: A Chimera«, *Small Wars and Insurgencies* (1993).

198 Klaus Neumann, »The Stench of the Past: Revisionism in Pacific Islands and Australian History«, *Contemporary Pacific* (1998).

Hierys Behauptung der lokalen Legitimität der deutschen Herrschaft hat mehr Gewicht. Erstens gab es nur eine verschwindend kleine Militär- und Polizeipräsenz, weshalb die Region im Ersten Weltkrieg so schnell an die Alliierten fiel. Zweitens wäre da die begeisterte und freiwillige Integration der Einheimischen in den deutschen Verwaltungsapparat, die sich aus allen vorhandenen Daten ablesen lässt.

Es sind die üblichen Indikatoren, die für die deutsche Legitimität in der Südsee sprechen: Allgemeine Akzeptanz der Kolonialgesetze trotz minimaler Polizeipräsenz und Überwachung; der hohe Anteil der Freiwilligen in der Kolonialpolizei und -verwaltung; Zustimmung zur Ausdehnung der Kolonialverwaltung; hohe Steuerquoten trotz minimaler Überwachung; und allgemeine Unterstützung der Verbrechensbekämpfung. Viele radikale Gelehrte klammern sich an die mündlichen Überlieferungen und Erinnerungen, in der Hoffnung, wütende Verurteilungen der deutschen Kolonialära zu finden. Doch ähnlich wie in Afrika hielten sich die Einheimischen leider nicht an ihre vorgeschriebenen antikolonialen Drehbücher. Ein Historiker stellte enttäuscht fest, dass die Kolonialzeiten von den Einwohnern »mitunter in einem eher rosaroten oder auch trüben Licht gesehen werden«.[199]

Noch bemerkenswerter ist die Geschichte der von den Deutschen ausgebildeten einheimischen Eliten, deren Erben diese Länder nach der Unabhängigkeit führen

199 Corinna Erckenbrecht, »Die wissenschaftliche Aufarbeitung der deutschen Kolonialzeit in der Südsee. Kritische Bemerkungen zum Handbuch »Die deutsche Südsee, 1884–1914«, *Anthropos* (2002), S. 178.

sollten. Wie in Afrika zogen die Stammeshäuptlinge im Pazifik die deutsche Herrschaft dem Dauerkriegszustand und der Unsicherheit der vorkolonialen Ära vor. Häuptling Zake, Anführer eines Stammes auf der Hauptinsel Neuguinea, wo die Deutschen ihr Hauptquartier hatten, entwickelte eine bemerkenswerte Freundschaft mit den deutschen Behörden – vor allem dank seiner Freundschaft zum deutschen Gouverneur, der nicht nur Bildung und Gesundheitsfürsorge brachte, sondern auch sozialen Status.[200] Der Leiter der Mission war lokal als »Bester Freund von Häuptling Zake« bekannt und die Missionare nannten ihn im Gegenzug »Diplomat« oder »Häuptling von Papua«.[201]

Dann gibt es den legendären Henry Nanpei, einen Geschäftsmann auf Ponape, von Missionaren ausgebildet. Er war der Hans Dampf in allen Gassen der Insel, der nichts anbrennen ließ. Laut dem Ethnographen Hambruch war Nanpei jedoch kein willfähriger Ja-Sager. Er wollte »ein Parlament einrichten, das mehr und mehr die Interessen der Eingeborenen von Pohnpei vertreten sollte, um sie irgendwann von der Herrschaft der Fremden zu befreien«.[202] Für seine Reformagenda erfuhr er große Unterstützung seitens der deutschen Kolonialverwaltung, die wie die anderen europäischen Kolonialmächte ihre Herrschaftsdauer als begrenzt ansahen. Die Kolonialkritiker müssen sich also nach

200 Gabriele Richter, »›Zake The Papuan Chief‹: An Alliance with a German Missionary in Colonial Kaiser-Wilhelmsland«, in *German Colonialism Revisited* (2014).

201 Christian Keyßer, *Zake, der Papuahäuptling* (1934).

202 Paul Hambruch, *Ponape: Ergebnisse der Südsee-Expedition 1908–1910* (1932), Vol. 1, S. 206.

Kräften anstrengen, um Nanpei in das Schema des »Widerstandshelden« zu pressen. »Obwohl er nach außen hin bis 1914 dem deutschen Regime treu blieb«, orakelte ein offenbar hellseherisch begabter Wissenschaftler, »lag dies vermutlich nur daran, dass er so seine Position und Einfluss (sic!) am besten ausbauen konnte«.[203]

In der gesamten deutschen Kolonialzeit in der Südsee gab es genau einen erwähnenswerten Aufstand. Da die »Rebellenarmee« aus einem minder wichtigen Häuptling namens Samuel und etwa 30 seiner Getreuen bestand, haftet der »Sokehs-Rebellion« etwas eher Operettenhaftes an. Es scheint als war dieser Samuel mit seiner Entlohnung für ein Straßenbauprojekt auf Sokehs unzufrieden, einer ein Kilometer breiten Insel nördlich von Ponape. Nachdem sie etwa ein halbes Dutzend ihrer Landsleute und einige Deutsche massakriert hatten, flohen Samuel und seine Rebellenschar in den Busch. Die anderen Häuptlinge von Ponape sicherten den Deutschen sofort ihre Unterstützung bei der Niederwerfung dieser Raufbolde zu, und stellten in wenigen Tagen 600 Krieger dazu ab. Während sie bei der »Niederschlagung« dieses »Aufstands« Jagd auf die Rebellen machten, hatten die deutschen Unterdrücker Zeit für Urlaubsfotos, meistens Arm in Arm mit ihren einheimischen Mitstreitern. Angesichts der überwältigenden Machtdemonstration der Deutschen und ihrer Verbündeten streckten die Aufständischen schnell die Waffen. Einige wurden hingerichtet, die anderen eingesperrt. Die etwa 400 Mann starke Bevölkerung von Sokehs wurde nach Yap umge-

203 Peter Hempenstall, *Pacific Islanders Under German Rule: A Study in the Meaning of Colonial Resistance* (1978), S. 221.

siedelt, um weitere Scharmützel zu verhindern. Dieses Exil war eine Überreaktion, da die meisten Einwohner von Sokehs sich gegen die Aufständischen gestellt hatten. Der Einsatz selbst war jedoch völlig angemessen und gerechtfertigt.

Wenn es den Sokehs-Aufstand nicht gegeben hätte, so scheint es, hätten die Kolonialismuskritiker ihn erfinden müssen. Seitdem ist ihm eine geradezu epische Tragweite verliehen worden, er steht nun exemplarisch für das »wahre Wesen« der deutschen Kolonialherrschaft, das sonst von einer lästigen Begeisterung und Unterstützung der Einheimischen selbst in der Niederschlagung des Aufstands kaschiert wurde.

Der Bildarchivar des Ruhr-Museums Thomas Morlang besitzt die Ehrlichkeit, in seinem Buch zum Thema darauf hinzuweisen, dass die Darstellung dieses lokalen Mini-Aufstandes als Zeichen allgemeinen antikolonialen Widerstandes in der postkolonialen Geschichtsschreibung eine Erfindung ist.[204]

Letztendlich ist das Bild der friedlichen deutschen Herrschaft in der Südsee keine Fiktion. Die allgemeine Nostalgie in der Südsee für die Zeit der deutschen Herrschaft straft all jene revisionistischen Forscher Lügen, die an ihrem Fiebertraum der schrecklichen deutschen Gewaltherrschaft festhalten. Im Südpazifik herrschen diese »rosigen« und »beschönigenden« Darstellungen der Kolonialokkupation noch vor, so dass die Einwohner von Ponape im Jahr 1999 ihren deutschen Glockenturm aufwändig renovierten und bei einer feier-

204 Thomas Morlang, *Rebellion in der Südsee: Der Aufstand auf Ponape gegen die deutschen Kolonialherren 1910/11* (2010).

lichen Zeremonie im Beisein des Königs Iso Nahniken en Kitti einweihten. Der Glockenturm war für seine Zeit und diesen Ort »eine architektonische Meisterleistung« und »bleibt auf Ponape ein wichtiges Denkmal«, so die Renovierungskommission.[205] Anders als die ideologisch verblendeten Akademiker im weit entfernten Westen, haben die Menschen der Südsee ihren Frieden mit der deutschen Kolonialzeit gemacht.

205 Pohnpei State Division of Historic Preservation and Cultural Affairs, *The Rehabilitation of the German Bell Tower: Final Project Report* (2000), S. 28.

Kapitel 8
Qingdao: Das deutsche Hongkong

Die unbekannteste Erfolgsgeschichte der deutschen Kolonialzeit und die größte Tragödie der Dekolonialisierung war Qingdao (Tsingtau), eine Hafenstadt in Nordchina, das deutsche Hongkong. Wie die Briten unterschrieb das Deutsche Reich 1898 als Teil seiner Pazifikexpansion mit der im Niedergang begriffenen Qing-Dynastie eine 99-jährige Pacht auf die Hafenkolonie. Sie hatte gerade mal ein Fünftel der Größe Hongkongs. Bei der Ankunft der Deutschen lebten etwa 1500 Menschen in der Hafenstadt Qingdao, meistens Fischer, und im gesamten Kolonialgebiet Jiaozhou (Kiautschou) etwa 12000.[206] Die Kolonie wurde von der Kaiserlichen Marine als Stützpunkt im Pazifik betrieben, daher war Qingdao üppig ausstaffiert und exzellent verwaltet. Wie Hongkong wurde es zur Perle des Orients, und wie Hongkong hätte es bis zum Auslaufen der Pacht 1997 ein europäischer Handelsposten im Orient bleiben können.

Zur selben Zeit wie die deutsche Machtübernahme in Qingdao brachen innere Unruhen und Aufstände gegen die Qing-Dynastie aus, die größte und bekannteste davon der sogenannte Boxer-Aufstand, nach den Kung-Fu-Kämpfern in ihren Reihen benannt. Der chinesische Provinzgouverneur Yuan Shikai tat sich mit den Deutschen unter Lothar von Trotha zusammen, um die Boxer-Bewegung in der Region niederzuschlagen. Nach der Niederlage der Boxer erlebte die

206 Die ursprüngliche Schreibweise von Qingdao war Tsingtau. Die Region Jiaozhou wurde Kiautschou oder Kiaochow geschrieben.

Kolonie Qingdao eine Blütezeit. Qingdao war sowohl Vorbild wie Zufluchtsort für das im Niedergang begriffene China. Bildung und Justiz in Qingdao waren allem überlegen, was China zu bieten hatte, Infrastruktur und wirtschaftliche Möglichkeiten lösten einen allgemeinen Wirtschaftsboom in Nordchina aus. Zu den ersten Errungenschaften gehörten fließendes Wasser und Abwasser, danach ein Gerichtsgebäude und ein Krankenhaus. Im Gegensatz zur Gefahr durch Räuberbanden im Landesinneren war es in Qingdao sicher. 935 europäische und japanische Handelsschiffe liefen 1913 den Hafen an, im Vergleich zu 6 000 chinesischen Dschunken und 12 000 Sampans.[207] Die deutsche Kolonie »beförderte die landwirtschaftliche Entwicklung in ländlichen Gebieten und ausgeglichenes Wachstum in allen Wirtschaftsbereichen«, so Hongkong-Expertin Fion Wai Ling So.[208]

Oscar von Truppel, der deutsche Gouverneur zwischen 1901 und 1911, richtete einen gewählten Ausschuss chinesischer Händler ein, die ihn in der Handelspolitik beraten sollten – eine im restlichen China unbekannte Einrichtung. Zivilrechtliche Streitfragen wurden von einem chinesischen Beamtenrat geschlichtet. Truppel baute ein großzügig eingerichtetes Wohnviertel für chinesische Lehrlinge. Sein Ziel war es, die Regierung von Qingdao mittels Vertrauensmännern des chinesischen Beamtenrates in seiner Verwaltung zu demokra-

207 Heinrich Schmitthenner, »Kiautschau«, *Geographische Zeitschrift* (1914), S. 664.

208 Fion Wai Ling So, *Germany's Colony in China: Colonialism, Protection and Economic Development in Qingdao and Shandong, 1898–1914* (2019), S. 12.

tisieren. Neue Richtlinien ermöglichten 1910 öffentliche Mitsprache und Aufsicht über die Kolonialverwaltung. In diesem höchst ungewöhnlichen Ort entstand nach und nach eine liberale, demokratisierende Enklave. »Institutioneller Wandel durch Kolonialisierung« nannte es die deutsche Kolonialhistorikerin Annette Biener, den größten Beitrag des europäischen Kolonialismus zur Weltgeschichte.[209]

Deutsche Matrosen und ein Chinese bei der Eröffnung einer Bäckerei in Qingdao 1899.

Wie auch im Südpazifik, entwickelten die deutschen Beamten vor Ort eine große Liebe für Volk und Kultur Qingdaos. Laut dem »Chinesenkommissar«, Dolmetscher und China-Kenner Wilhelm Schrameier, war das Ziel der Deutschen in Qingdao nichts we-

209 Annette Biener, *Das deutsche Pachtgebiet Tsingtau in Schantung, 1897–1914: Institutioneller Wandel durch Kolonialisierung* (2001).

niger als die Modernisierung Chinas.[210] Der oberste Richter George Crusen, der von einem Einsatz an der Polizeiakademie Tokio nach Qingdao beordert wurde, schrieb etliche Denkschriften über vergleichende Rechtswissenschaften und die komplexen rechtlichen und kulturellen Herausforderungen bei der Schaffung eines modernen Rechtssystems in China.[211] Vorausdenkende Modernisierer aus ganz China besuchten Qingdao regelmäßig. Geograph Heinrich Schmitthenner schrieb: »Besonders erfrischend ist das rege geistige Leben und der gesellige Verkehr, bei dem die Standesunterschiede weniger betont werden als in unseren afrikanischen Kolonien.«

Mit seiner vorbildlichen Verwaltung, umsichtigen Planung und gesetzestreuen Bürgern war Qingdao die ultimative Musterkolonie. Wie am Beispiel Togoland bereits sichtbar wurde, sind die deutschen Kolonialkritiker deshalb geradezu besessen davon, die leiseste Spur von Gewalttaten oder »Widerstand« zu finden. In Ermangelung echter Missstände fliehen sich die Gelehrten in das postmoderne Wünsch-dir-was Traumland eines Michel Foucault, in dem alle Maßnahmen zur Stärkung der öffentlichen Sicherheit, der Gesundheit und des wirtschaftlichen Erfolgs ledig-

210 Wilhelm Schrameier, *Die deutsch-chinesischen Handelsbeziehungen* (1917), S. 25f.

211 Georg Crusen, »Die rechtliche Stellung der Chinesen in Kiautschou«, *Zeitschrift für Kolonialrecht* (1913); »Moderne Gedanken im Chinesenstrafrecht des Kiautschougebietes«, *Mitteilungen der Internationalen Kriminalistischen Vereinigung* (1914).

lich Aspekte eines »Herrschaftsdiskurses« seien.[212] So wird Qingdao zum Beispiel des deutschen »kulturellen Imperialismus«, sauberes Wasser und funktionierende Hafeninfrastruktur zum Unterdrückungs- und Herrschaftsinstrument.

Eine weitere und gegensätzliche Strategie der Kolonialkritiker ist die aberwitzige Behauptung, der Erfolg von Qingdao geschah nicht *wegen* sondern *trotz* der Deutschen. So behauptet der amerikanische Soziologe George Steinmetz allen Ernstes, die wachsende Beteiligung der chinesischen Bevölkerung an der Kolonialverwaltung sei ein Zeichen der »Dekolonialisierung«. Nach dieser verqueren Weltsicht »beanspruchten die Einheimischen die Verwaltung für sich (und) gewannen so immer mehr Kontrolle über die Regierung, die sie damit dekolonialisierten«. Hätten die Japaner die Deutschen im Ersten Weltkrieg nicht vertrieben, so Steinmetz, »wäre Qingdao seinem kolonialen Charakter vielleicht irgendwann gänzlich entwachsen«.[213]

Wie so viele andere Antikolonial-Ideologen ignoriert auch Steinmetz die Ordnung und Effizienz, die die Deutschen gebracht hatten, völlig, oder betrachtet sie als irgendwie naturgegeben und nicht weiter bemerkenswert. Ganz im Gegenteil genossen die chinesischen Einwohner jedoch ein von den Deutschen geschaffenes, koloniales Ideal. Die weltoffene, moderne, rechtschaffene Verwaltung und die blühende kapitalistische Wirtschaft

212 Klaus Mühlhahn, *Herrschaft und Widerstand in der »Musterkolonie« Kiautschou: Interaktionen zwischen China und Deutschland 1897–1914* (2000), S. 268–280.

213 George Steinmetz, *The Devil's Handwriting: Precoloniality and the German Colonial State in Qingdao, Samoa, and Southwest Africa* (2007), S. 442, 507.

waren prägend für Qingdaos »kolonialen Charakter«. Diesen Charakter zu verlieren, wie es Steinmetz vorschwebt, würde eine Rückkehr zu Bambusfischerhütten und Sippenherrschaft inmitten von Banditen, Piraten und Armut bedeuten. Die Chinesen in der Verwaltung wollten Qingdao nicht von den Deutschen »dekolonialisieren«, im Gegenteil: Sie begrüßten sie mit offenen Armen. Sie wollten die Deutschen nicht loswerden, sondern ihnen nacheifern.

Die Beweislage für die Legitimität der deutschen Herrschaft ist überwältigend. Aus ganz China reisten schon früh und immer wieder Provinzgouverneure an, lobten die deutsche Verwaltung und kopierten ihre Methoden daheim. Der Gouverneur der umliegenden Provinz schrieb 1902 an den Qing-Kaiser, um seine Bewunderung für die deutsche Kolonie auszudrücken und seiner Hoheit sehr ergeben eine Nachahmung ans Herz zu legen.[214] Ironischerweise suchten hier nach dem Sturz der Qing-Dynastie 1912 ein Dutzend ranghohe Qing-Beamte Zuflucht und kauften sogar Häuser.[215]

Das gewöhnliche Volk feierte die deutsche Kolonialherrschaft und wanderte massenhaft ein: Bis 1913 war die Bevölkerung von Qingdao auf 56 000 gewachsen, und weitere 150 000 in der übrigen Kolonie. Wäre die Zuwanderung nicht beschränkt gewesen, wären es noch viel mehr geworden. Die europäischen »Unterdrücker« zählten derweil nur 2100, darunter 1900 Deutsche.

214 The »Memorial of Zhou Fu to the Grand Council« of 31 December 1902 is held at the Institute for Modern History of the Academia Sinica in Taiwan.

215 Klaus Mühlhahn, »Mapping Colonial Space: The Planning and Building of Qingdao by German Colonial Authorities, 1897–1914«, in *Harbin to Hanoi: Colonial Built Environment in Asia, 1840 to 1940* (2013), S. 119.

Chinesische Eltern baten darum, ihren Nachwuchs auf die Deutsch-Chinesische Schule schicken zu können, die platzbedingt nur einen kleinen Bruchteil aufnehmen konnte.

Wenig überraschend müssen sporadische Streiks und Boykotte des Chinesischen Wirtschaftsverbandes Qingdao zwischen 1908 und 1910 als Beispiel für »antikolonialen Widerstand« und »zunehmenden Nationalismus« herhalten. Die Wahrheit ist jedoch viel prosaischer, wie die Hongkonger Wissenschaftlerin So schreibt: Es waren Mafiamethoden des Provinzgouverneurs Yuan Shikai, um den Deutschen bessere Bedingungen beim Handel und Eisenbahnbau abzutrotzen.[216]

Als 1912 die Republik China gegründet wurde, besuchte der erste Präsident und »Vater des modernen China« Sun Yat-Sen auf Einladung der gut organisierten chinesischen Handelskammer Qingdao. Es wurde mit dem berühmten Bier »Tsingtau« angestoßen.[217] Sun lobte bei seinem Besuch den deutschen Kolonialismus überschwänglich. Unter den Deutschen sei Qingdao eine »vorbildliche Stadt« geworden, der alle Chinesen nacheifern sollten: »In dreitausend Jahren hat China [in Qingdao] nicht geschafft, was die Deutschen in fünfzehn Jahren geschafft haben«, sagte er, und nahm damit ähnliche spätere Bemerkungen über Hongkong unter den Engländern vorweg.[218]

216 Fion Wai Ling So, *Germany's Colony in China: Colonialism, Protection and Economic Development in Qingdao and Shandong, 1898–1914* (2019), S. 9, 12.

217 Sun Lixin, »The Formation of the Chinese Business Association in Qingdao Under German Rule«, *Provincial China* (2009).

218 Klaus Muhlhahn, »A New Imperial Vision? The Limits of German Colonialism in China« in *German Colonialism in a Golden Age* (2014), S. 146.

«Wenn jede Provinzregierung Chinas zehn Vertreter nach Qingdao schicken würde, um dort Wissen über die Verwaltung, Städte, Straßen, Hafenanlagen, Universitäten, Wälder, öffentliche Infrastrukturen und die Regierung zu sammeln, wäre das von großem Nutzen für China.«[219] Sun ermahnte Schüler, die aus Protest den Unterricht boykottierten, weil der ehemalige Präsident dort nur noch wie ein gewöhnlicher Bürger behandelt werden sollte, wieder zur Schule zu gehen, um »China modernisieren zu helfen«. Er ließ sich die Bücher des »Chinesenkommissars« Wilhelm Schrameier über Bodenpolitik, Hafenbetrieb und öffentliche Verwaltung mitgeben.[220]

1924 lud Sun den Beamten Schrameier ein, eine Bodenreform für die südliche Provinz Guangdong zu entwerfen. Schrameier reiste nach Guangzhou und traf sich dort mehrmals mit dem Sohn von Sun, der dort Bürgermeister war, ehe er in einem Verkehrsunfall ums Leben kam.[221] Die Flurbereinigung, die er vorschlug, beließ den Grund bei den Bauern, statt ihn der Regierung oder ausländischen Spekulanten zu übereignen. Er überzeugte Sun, dass die private Bodenreform der Schlüssel zum wirtschaftlichen Erfolg war.[222] Nach der kommunistischen Revolution von 1949 nahm die Regierung der

219 Jianjun Zhu, »Nationalism and Pragmatism: The Revolutionists in German Qingdao (1897–1914)«, in *German Colonialism Revisited* (2014), S. 190.

220 Wilhelm Schrameier, *Kiautschou: Seine Entwicklung Und Bedeutung; Ein Rückblick* (1915); *Hafenbetrieb Und Hafenverwaltung Zu Tsingtau* (1904). *Aus Kiautschous Verwaltung* (1914).

221 Michael Silagi, »Land Reform in Kiaochow, China: From 1898 to 1914«, *American Journal of Economics and Sociology* (1984), S. 171.

222 Hal Schiffrin, »Sun Yat-sen's Early Land Policy«, *Journal of Asian Studies* (1956), S. 561.

Republik diese Bodenreformpolitik mit nach Taiwan, wo sie bis heute als ausschlaggebend für Taiwans Wirtschaftswunder gilt.

Suns Nachfolger als chinesischer Präsident war ausgerechnet Yuan Shikai, der Gouverneur vor Ort, der mit den Deutschen an der Niederschlagung des Boxeraufstandes beteiligt war und mit ihnen Eisenbahnen gebaut hat. Als der Erste Weltkrieg ausbrach, erklärte Yuan die chinesische Neutralität. Japan kämpfte auf der Seite der Alliierten, und Yuan hatte nicht vor, dem chinesischen Erbfeind zu helfen. Yuan bot den Briten 50 000 Männer an, um Qingdao einzunehmen – genau wie Octaviano Olympio die Briten inständig ermutigte, Deutsch-Togoland einzunehmen. Die Briten überließen jedoch den Japanern den Vortritt bei der Eroberung von Qingdao. Dieser kleine taktische Fehler sollte die Geschichte Asiens jahrzehntelang prägen.

Die Japaner schickten im August 1914 ein Ultimatum und verlangten die Kapitulation von Qingdao. Der deutsche Gouverneur hatte nur ein Flugzeug und eine kleine Abteilung Soldaten. Die Japaner blockierten mit Hilfe der britischen Flotte den Hafen und bombardierten dann die Stadt. Während die Briten streng auf die chinesische Neutralität pochten, hatten die Japaner keine solchen Gewissensbisse und begannen ihre Invasion mit einer Landung auf nicht-deutschem Gebiet 120 Kilometer weiter nördlich. Und so ward die japanische Überzeugung, dass China eroberungsreif sei, geboren. Die Deutschen versenkten ihre Schiffe, sprengten die Hafenanlagen und ergaben sich im November 1914.

Die Kapitulation der deutschen »Helden von Tsingtau« sollte die Zukunft unserer Welt entscheidend mitprägen.[223] Etliche Monate nach der Besetzung Qingdaos unterbreiteten die Japaner eine Reihe geheimer Forderungen nach Sonderrechten in Nordchina. Als bekannt wurde, dass Yuan Shikai zugestimmt hatte, schwand seine Zustimmung in der Bevölkerung. Die chinesische Kommunistische Partei (KP) wurde 1921 von Nationalisten gegründet, die Yuans Kapitulation vor den japanischen Forderungen erzürnte. Wenn die Briten in Qingdao die Oberhand behalten hätten, hätte der deutsche Handelsposten auf Jahnzehnte eine erfolgreiche, menschenfreundliche, nördliche Version von Hongkong bleiben können. Stattdessen löste diese Fehlentscheidung die Geburt einer mörderischen totalitären Bewegung aus und zerstörte mit der desaströsen Politik der KP alle Hoffnungen auf eine andere, menschlichere Zukunft Chinas. Wenn das Erbe des deutschen Kolonialismus in Qingdao überdauert hätte, wäre dem Reich der Mitte im 20. Jahrhundert womöglich sehr viel Leid und Grauen erspart geblieben.

223 Otto von Gottberg, *Die Helden von Tsingtau* (1915).

Kapitel 9
Weimar: Koloniallobby, Antikolonialismus und Nationalsozialismus

Nach 1918 war der deutsche Kolonialismus nicht mehr gelebte Realität, sondern fiel dem Reich der Geschichte und Erinnerung anheim. Die Debatten über die alltäglichen Herausforderungen der Verwaltung eines weltweiten Kolonialreiches wichen theoretischen Diskussionen über Geschichte, Ideologie und nationale Identität. Eine der größten Veränderungen geschah in der Einstellung der Siegermächte zur deutschen Kolonialgeschichte. Statt der gewohnten kollegialen Zusammenarbeit in exotischen Ländern fern der Heimat wurden nun auf beiden Seiten bittere Vorwürfe gemacht. Propagandisten in Großbritannien, Belgien und Frankreich gruben jede noch so abstruse Anschuldigung gegen die deutschen Kolonialherren aus – darunter August Bebels berüchtigte *Fake News* über die Kinder der Nagitall-Fälle in Kamerun – um die Rechtmäßigkeit der Übernahme der deutschen Kolonien zu untermauern.[224]

Der französische Historiker René Puaux behauptete, es sei ein »Verbrechen gegen die Menschlichkeit«, die deutschen Kolonien zurückzugeben.[225] Jeder noch so abstruse Vorwurf gegen die deutsche Kolonialgeschichte wurde für bare Münze genommen – in irriger Vorwegnahme all dessen, was heute als »Kolonialgeschichte« durchgeht. Sir Hugh Clifford, seinerzeit Gouverneur der Goldküste,

224 Frank John Maclean, *Germany's Colonial Failure: Her Rule in Africa Condemned on German Evidence* (1918).

225 René Puaux, *La Question des Colonies Allemandes* (1918).

veröffentlichte ein »Plädoyer für die einheimischen Rassen« als Argumentationshilfe für die britische Übernahme der deutschen Kolonien.[226] Deutschland, schrieb er, »hat den guten Ruf Europas in Afrika beschmutzt«, deshalb würden »Deutsche« als eine andere Rasse als »Weiße« wahrgenommen.

Um diesen Propagandafeldzug erfolgreich durchzuführen, mussten die Briten ihre eigene Tradition der empirischen Wahrheitsfindung verraten.[227] Das »Blaubuch« des *Foreign Office* 1918 zur Frage der deutschen Kolonien war ein eklatanter Bruch mit der ehemals objektiven, zuverlässigen »Blaubuch«-Tradition, die seit einem Jahrhundert ausschlaggebend für die britische Kolonialherrschaft war. Der britische Deutschlandexperte W. H. Dawson, Mitglied der britischen Delegation in Versailles, nannte dieses Blaubuch eine Zusammenstellung »sensationsheischender Geschichten, die allein auf einheimischen Aussagen basierten«. Eben dieses britische Außenministerium hatte vor dem Großen Krieg den deutschen Kolonialismus in den höchsten Tönen gelobt, so Dawson.[228]

Die Briten hielten dieses Blaubuch bis kurz vor Versailles unter Verschluss, um den Deutschen keine Zeit für eine Erwiderung zu lassen.[229] Der Vertrag von

226 Hugh Clifford, *German Colonies: A Plea for the Native Races* (1918).

227 Great Britain, Foreign Office, *Treatment of Natives in the German Colonies* (1919).

228 William Harbutt Dawson, »Introduction« in *German Colonization: Past and Future* (1926), S. 20.

229 Reichskolonialamt, *Die Behandlung der einheimischen Bevölkerung in den kolonialen Besitzungen Deutschlands und Englands. Eine Erwiderung auf das englische Blaubuch vom August 1918* (1919).

Versailles rügte dann »Deutschlands Versagen auf dem Gebiet der kolonialen Zivilisation«, um einen Vorwand zu haben, die Kolonien unter die eigene Kontrolle zu bekommen. Die Enteignung der deutschen Kolonien in Versailles geschah also in der schlimmsten Tradition der antikolonialen Ideologie.

Die deutschen Kolonien wurden dem »Mandatsystem« des neugegründeten Völkerbundes unterstellt. Die Mandate sollten in weniger entwickelten Regionen für eine »Übertragung der Vormundschaft (...) an die fortgeschrittenen Nationen« sorgen. Es war eine 1:1 Übertragung der zivilisatorischen Argumente der Berliner Konferenz 1884–85. Mit anderen Worten: Deutschland wurde im Namen genau der gutmenschlichen Ideale seiner Kolonien beraubt, die es selbst formuliert hatte.

Weisere Menschen auf der britischen Seite erkannten die Leistungen des deutschen Kolonialismus an und machten sich Sorgen, was es bedeuten würde, diese große Nation aus der Gemeinschaft der europäischen Kolonialmächte auszuschließen. Der Übervater des britischen Kolonialismus, Lord Lugard, der im Mandatsausschuss des Völkerbundes diente, warnte davor, dass »der Raub all ihrer Kolonien zu neuem Krieg mit Deutschland führen wird« und dass »das deutsche Aufbegehren ohne eine Lösung dieser Frage niemals überwunden werden wird«.[230] Außerdem beklagte Dawson die »schäbigen Annexionen« von Versailles, die »sicheres Vorspiel zu weiterem

230 Great Britain, Public Records Office, FO 800/256, Lugard to Chamberlain, 29. November 1924.

Waffengang« sein »unweigerlich zu einem neuen Krieg führen werden«.[231]

Derart aus der Gemeinschaft der liberalen europäischen Staaten ausgeschlossen, wandte sich Deutschland einem neuen, illiberalen Nationalismus zu. Der deutsche Kolonialismus als Bollwerk gegen diesen illiberalen Geist war gefallen. Das abrupte Ende des kolonialen Auftrages war in diesem Sinne ein Wegbereiter des späteren illiberalen Rachefeldzugs gegen das restliche Europa.

Antikoloniale Akademiker argumentieren gerne, das Dritte Reich sei ein Auswuchs des deutschen Kolonialismus gewesen. Das Gegenteil stimmt. Es war vielmehr das vorzeitige Aus für den deutschen Kolonialismus, dass die Saat für die nationalsozialistische Diktatur legte. Wie Stanford-Professor Russell Berman argumentierte, gehörte der deutsche Kolonialismus zu den liberalsten aller europäischen Spielarten.[232] Sobald Deutschland dieses in der westlichen Aufklärung verankerten, liberalen Nationalismus beraubt wurde, blieb nur noch der chauvinistische deutsche Nationalismus des »Deutschland über Alles«. Das »Märchen des Antikolonialismus«, so Berman, war die Vorstellung, das Ende des Kolonialismus bedeute einen Gewinn für den deutschen Liberalismus. Das Gegenteil trat ein. Der Generalangriff auf den deutschen Kolonialismus in Versailles war nichts weniger als ein Angriff auf die westliche Tradition der Aufklärung. Die nächsten 20 Jahre sollten dies auf tragische Weise belegen.

231 William Harbutt Dawson, »Introduction« in *German Colonization: Past and Future* (1926), S. 31, 25, 27.

232 Russell Berman, *Enlightenment or Empire: Colonial Discourse in German Culture* (1998), Kap. 6.

In der Weimarer Republik kämpfte eine schwindende Lobby darum, das Erbe des deutschen Kolonialismus und die westliche Tradition, für die es stand, zu bewahren. Weimarer Politiker, Anführer von Kolonialgesellschaften und pro-koloniale Autoren stellten ihre französischen und britischen Nachfolger als schwach und unfähig dar, um die Ungerechtigkeit der Versailler Verträge anzuprangern.

Heinrich Schnee schrieb das Werk *Die Koloniale Schuldlüge,* um die Vorwürfe von Versailles zu widerlegen.[233] Die »Afrikabücher« der 1920er Jahre, eine Reihe von Denkschriften, Kriegsgeschichten und dramatisierten Erzählungen, waren ein Mittel, um das verlorene Erbe dieses »verschollenen Paradieses« nicht in Vergessenheit geraten zu lassen. 1924 wurde eine Kolonialabteilung im Auswärtigen Amt geschaffen, scheinbar aus einem größeren überparteilichen Konsens zum Thema Kolonialismus als noch zu Kolonialzeiten. Lange vor den *pieds noirs* in Frankreich oder den *retornados* in Portugal vereinte sich Deutschland hinter den heimkehrenden *Kolonialdeutschen* der 20er Jahre.

Schnee hielt 1920 die Kolonialtradition mit einem dreibändigen »Deutschen Koloniallexikon« weiter hoch[234], in dem er eine Lanze für die Legitimität und Wohltätigkeit der deutschen Kolonien brach und das Scheitern des Mandatsystems des Völkerbundes aufzeigte. Die Mandatsmächte sollten das »Ehrenwerte« tun und Deutschland seine Kolonien wiedergeben. Die *Kolonialfreunde* der 1920er bildeten die schwindende

233 Heinrich Schnee, *Die koloniale Schuldlüge* (1924).

234 Heinrich Schnee, *Deutsches Kolonial-Lexikon* (1920).

Mitte der Weimarer Politik und vereinten sowohl die Sozialdemokraten mitte-links wie die Zentrumspartei mitte-rechts.

Die Mitte hielt nicht stand. Rechts gewannen die Nationalisten, von links die Kommunisten. Für die Rechten war der Kolonialismus reine Zeitverschwendung, für die Linken reine Unterdrückung. Der kulturelle Relativismus ersetzte den liberalen Universalismus. Die Tragödie der Weimarer-Versailler Republik war nicht ihre Nostalgie oder ihr Wunsch nach Rückkehr zur kolonialer Legendenbildung, sondern der Mangel daran. Anfang der 1930er wandte sich die deutsche Öffentlichkeit vom Kolonialismus ab und hin zu den politischen Rändern. Zu viele Deutsche waren von der liberalen Demokratie enttäuscht, und die Konsequenzen waren verheerend.

Hätten die Siegermächte in Versailles Deutschland nicht seiner Kolonien beraubt, wäre Deutschland die Energie und Dynamik der Koloniallobby erhalten geblieben, und hätte möglicherweise als Sammelpunkt für mitte-linke Sozialdemokraten und mitte-rechte Konservative dienen können. Damit wäre den Extremen nicht nur ein Spaltthema abhandengekommen, die kosmopolitischen Kräfte der deutschen kolonialen Unternehmung hätten in allen Teilen der deutschen Gesellschaft mehr und stärkeren Einfluss gehabt. Somit hätte eine Fortdauer des deutschen kolonialen Projektes Kommunisten und Faschisten das Wasser abgraben können.

In den Jahren 1927 bis 1933 befand sich in Berlin das Hauptquartier der Liga gegen Imperialismus und koloniale Unterdrückung (LAI), der Kommandozentrale der größten antikolonialen Organisation der Sowjetunion.

Die Moskauer Komintern setzte den deutschen Kommunisten Willi Münzenberg als Vorsitzenden der Liga ein. Von Berlin aus betrieb Münzenberg eine weitläufige, chaotisch finanzierte Organisation mit einem klaren, eindeutigen Zweck, wie es die offizielle Geschichte der Liga will: »Dem Kommunismus einen Zugang zu kolonialen und semi-kolonialen Ländern« zu verschaffen, um als »Vertriebsweg für bolschewistische Propaganda« zu dienen. Die Saat des Kommunismus in den Kolonien zu säen, diente gemäß der offiziellen Geschichtsschreibung der Liga letztendlich dem Ziel, »ein Sonnensystem zur Schaffung der Weltherrschaft des Kommunismus zu schaffen«.[235]

In einem Brief an amerikanische Kommunisten aus dem Jahr 1921 machte Lenin klar, dass vor allem die Schwarzen in den USA »ein strategisch wichtiger Teil der kommunistischen Agitation« sein sollten. Wie die Historikerin Mary Grabar schrieb, wollte Lenin »schwarze Maskottchen für die rote Revolution«.[236] Schwarze, braune, gelbe oder weiße Menschen: Alle hatten ihren Nutzen. Über die Reaktion der Liga auf die Aufstände gegen die Niederländer in Indonesien 1926 – 1927 schrieb die offizielle LAI-Geschichte: »Der Aufstand lieferte den Kommunisten die Möglichkeit, die indonesische nationalistische Organisation zu unterwandern und zu instrumentalisieren.«[237]

235 Fredrik Petersson, *Willi Münzenberg, the League against Imperialism, and the Comintern, 1925–1933* (2013), Volume 2, S. 973, 974, 976.

236 Mary Grabar, *Debunking Howard Zinn* (2019), S. 169.

237 Fredrik Petersson, *Willi Münzenberg, the League against Imperialism, and the Comintern, 1925–1933* (2013), Volume 2, S. 238.

Der Gründungskongress der Liga in Brüssel 1927 markierte gleichzeitig das 10-jährige Jubiläum der Russischen Revolution. Das Ziel war es, »die internationale kommunistische Bewegung als den wahren Unterstützer des [anti-] kolonialen Kampfes« aufzubauen und gemäß dem übergeordneten Ziel als »Unterstützungskampagne für die russisch-sowjetische Außenpolitik zu dienen«.[238] Auf der Einladungsliste standen Chiang Kai-shek und Mohandas Gandhi. Der US-Historiker Sean McMeekin schrieb: »Um der ethnischen Mischung Würze zu verleihen, wurden schwarze amerikanische Delegierte rekrutiert (…), um nach Europa zu kommen und die Rassenunterdrückung in den USA anzuprangern. Um die prominente Einladungsliste abzurunden, lud Münzenberg Weggefährten ein, die keine Kommunisten waren und keine Verbindung zu imperialistischen Regimen oder Widerstandsbewegungen aufwiesen, die nur ihre rechtschaffene Opposition gegen Kolonialismus, Rassismus, usw. demonstrieren wollten.«[239] Laut dem Leiter der antikolonialen Aktivitäten der Komintern, George Padmore, einem schwarzen amerikanischen Kommunisten, waren die antikolonialen Aufrufe der Liga aus Berlin besonders effektiv, weil Deutschland keine Kolonien mehr hatte.[240] Die Gründung der Liga verwandelte Berlin in das europäische Zentrum für Moskaus antikoloniale Aktivisten.

238 Fredrik Petersson, *Willi Münzenberg, the League against Imperialism, and the Comintern, 1925–1933* (2013), Volume 2, S. 251f., 245.

239 Sean McMeekin, *The Red Millionaire: A Political Biography of Willi Münzenberg, Moscow's Secret Propaganda Tsar in the West* (2005), S. 194.

240 George Padmore, *Pan-Africanism or Communism? The Coming Struggle for Africa* (1956).

Nach der Gründung der Liga wurde ihr Hauptquartier in der Berliner Friedrichstrasse zum Magnet für antikoloniale Aktivisten weltweit, darunter Manabendra Nath Roy und Jawaharlal Nehru aus Indien, sowie Mohammed Nafi Celebi aus Syrien und Mohammad Hatta aus Indonesien.

Der deutsche Kolonialismus war liberal und demokratisch. Der deutsche Anti-Kolonialismus dagegen war von Haus aus totalitär, und als solcher zerbrach er bald in ideologische Lager und persönliche Fehden. Die zweite Kolonialkonferenz in Frankfurt 1929 endetet im Chaos, da die Stalinisten alle Abweichler schassten. Laut der offiziellen Geschichte heißt es: »Das Chaos war in der Moskauer Komintern-Zentrale sorgfältig geplant, um die Liga in eine radikalere Richtung zu lenken, wie die Moskauer Dienstherren es wollten.«[241]

Nehru freute sich über die Einladung in den Vorstand der nun völlig Moskau-hörigen Liga. Der bengalische Radikale Virendranath Chattopadhyaya, der im Ersten Weltkrieg mit der Reichsregierung vergebens geplant hatte, die Briten aus Indien zu vertreiben, überzeugte Nehru, mit ihm 1929 eine Indienabteilung der Liga einzurichten. Chattopadhyaya wurde 1937 in Moskau im Zuge einer Stalinistischen Säuberung hingerichtet. Bis 1931 wurde die Liga von internem Zwist »auf die Knie gezwungen«, so die offizielle Vereinsgeschichte.[242] Was

241 Fredrik Petersson, »Hub of the Anti-Imperialist Movement«, *Interventions: The International Journal of Postcolonial Studies* (2014), S. 58.

242 Fredrik Petersson,. *Willi Münzenberg, the League against Imperialism, and the Comintern, 1925–1933* (2013), Volume 2, S. 983.

übrigblieb war der giftige Anti-Kolonialismus der deutschen Linken und ihrer Sponsoren in Moskau.

Mit der Machtergreifung der NSDAP 1933 kollabierte die gesellschaftliche und politische Mitte Deutschlands. Der Antikolonialismus, bis dato Thema der Linksextremen, gewann nun einen mächtigen rechtsextremen Befürworter. Für die Nazis war die Ablehnung des Kolonialismus Teil ihrer Rückkehr zu deutscher Reinheit, Überlegenheit und Einzigartigkeit. Hitler war fest gegen die »Welthandels- und Koloniallobby« und forderte stattdessen »Lebensraum im Osten«. Für ihn waren die Kolonien Zeit- und Geldverschwendung, orchestriert von jüdischen Kapitalisten und christlichen Missionaren, die eine fiktive »universelle Menschlichkeit« vorantreiben wollten. Für Hitler hatten es die Schwarzafrikaner nicht verdient, von deutschen Übermenschen regiert zu werden, denn Sie waren nicht besser als »Pudel«.

In *Mein Kampf* nannte Hitler die Forderung nach Wiederherstellung der Grenzen des Jahres 1914 (...) »politischer Unsinn« und ein »Verbrechen«.[243] »Damit ziehen wir Nationalsozialisten bewußt einen Strich unter die außenpolitische Richtung unserer Vorkriegszeit (...). Wir schließen endlich die Kolonial- und Handelspolitik der Vorkriegszeit ab und gehen über zur Bodenpolitik der Zukunft.«[244]

1931 erklärte Hitler in einem Rundschreiben: »Solange das Deutsche Reich selbst tributäre Ausbeutungskolonie

243 Adolf Hitler, *Mein Kampf*, Band II (1927), S. 736.

244 Gerhard Wolf, *Ideologie und Herrschaftsrationalität: Nationalsozialistische Germanisierungspolitik in Westpolen* (2012), S. 11; Adolf Hitler, *Mein Kampf*, Band II (1927), S. 742.

des Auslandes und der internationalen Hochfinanz ist, müssen koloniale Bestrebungen zurücktreten.«[245] Nach Hitler hatte der europäische Kolonialismus versagt, weil er keine »geografische Verbindung zum Vaterland« bewahrt hatte. Die deutsche Kolonialerfahrung sei eine »Eskapade« gewesen, die zum Glück 1918 ihr Ende fand. Birthe Kundrus, Historikerin an der Universität Hamburg: »Die Naziführung stand unmissverständlich für einen historischen Bruch mit dem klassischen Kolonialismus.«[246]

Nach dem amerikanischen Wirtschaftswissenschaftler Lewis Gann standen die Nazis für das genaue Gegenteil von dem, was der deutsche Kolonialismus verkörpert hatte: Sie waren illiberal, anti-kapitalistisch und lehnten die Rassendurchmischung ab.[247] Hitler versprach ein Jahrhundert lang auf koloniale Ansprüche zu verzichten und stattdessen »Lebensraum im Osten« zu beanspruchen.[248] Der britische Journalist, Gelehrte und Beamte William Harbutt Dawson, Teil der britischen Delegation in Versailles, erkannte, dass der Nationale Sozialismus Deutschland dekolonialisiert und vom Westen entfremdet hatte – und somit ein *Außenseiter* innerhalb der europäischen Kultur war.[249] Dawson sah Hitler als Auswuchs der deutschen *Ablehnung* der euro-

245 Heinrich Schnee, *Als letzter Gouverneur in Deutsch-Ostafrika: Erinnerungen* (1964), S. 181.

246 Birthe Kundrus, »Colonialism, Imperialism, National Socialism: How Imperial was the Third Reich?« in *German Colonialism in a Global Age* (2014), S. 337.

247 Lewis Gann, »Marginal Colonialism: The German Case«, in *Germans in the Tropics: Essays in German Colonial History* (1987), S. 15.

248 Klaus Hildebrand, *Vom Reich Zum Weltreich: Hitler, NSDAP und die Koloniale Frage 1919–1945* (1969).

249 W. H. Dawson, »The Future Of Germany«, *The Times*, 7. März 1944.

päischen Kulturen und Nationen, nicht als Vertreter von deren Fortführung. Um Deutschland zu Entnazifizieren, so Dawson, musste es wieder Teil der europäischen Kultur werden, inklusive der Kolonialkultur.

Adolf Hitler fand die deutsche Spielart des Kolonialismus besonders abstoßend, weil sie so großen Wert auf einheimische Legitimität, auf Schutz und Studium der einheimischen Kulturen und die Globalisierung der deutschen Nationalidentität legte. Hitler lehnte nicht nur den Kolonialismus allgemein ab, sondern insbesondere den deutschen Kolonialismus. Die erfolgreiche Mischung des klassischen Liberalismus und konservativen Patriotismus bildete die einzigartige »transkulturelle«[250] Natur des deutschen Kolonialismus, die Hitler ausdrücklich missfiel.

Die antikoloniale Bewegung in Europa sah Hitler als mächtigen neuen Unterstützer: »Zumindest auf dem Kontinent führte der Aufstieg der Nazis zu einer politischen Neuorientierung der Antikolonialisten von Links nach Rechts«, so Historiker Brückenhaus.[251] Die Nazis sahen Parallelen zwischen ihrer »nationalen Revolution« 1933, die Deutschland ihrer Ansicht nach von der Knute des Versailler Vertrages befreite, und den nationalen Ambitionen der kolonisierten Völker. Dieser Antikolonialismus war genauso illiberal, rücksichtslos, totalitär und bedrohlich für alle unter ihrer »Knute« wie der Nationalsozialismus selbst.

250 Chunjie Zhang, *Transculturality und German Discourse in the Age of European Colonialism* (2017).

251 Daniel Brückenhaus, *Policing Transnational Protest: Liberal Imperialism and the Surveillance of Anticolonialists in Europe, 1905–1945* (2017), S. 204.

Die Nazis waren der Liga gegen Imperialismus gegenüber feindlich eingestellt, aber nur weil sie Rivalen waren im Tauziehen um dieselbe antikoloniale Lobby. Vor allem der Chefpropagandist der Nazis, Joseph Goebbels, beneidete Willi Münzenberg um sein Talent für antikoloniale Propaganda und sah darin ein Vorbild für die Nazis, um daheim und im Ausland Antikolonialisten anzusprechen.[252] Die Nazis verjagten die LAI aus Deutschland, um ihren Platz als Stimme des deutschen Antikolonialismus einzunehmen. Nach Brückenhaus basierte die Zusammenarbeit der Gestapo mit den europäischen Antikolonialisten »auf strategischen Erwägungen statt auf ideologischer Überzeugung«.[253] Die historischen Fakten des national-sozialistischen Antikolonialismus sprechen eine andere Sprache. Die Zusammenarbeit der Gestapo mit europäischen Antikolonialisten ergab nicht *trotz* sondern *wegen* ihrer gemeinsamen ideologischen Überzeugung strategischen Sinn.

Antikolonialisten außerhalb Europas verbündeten sich rasch mit den Nazis. In Guatemala fiel die Nazi-Doktrin der Rückkehr zu nationaler Größe bei verbitterten Nationalisten auf offene Ohren, die Honduras von den Briten »zurückerobern« wollten. Plötzlich hatte jede irredentistische Bewegung, die »verlorene« Gebiete »Heim ins Reich« holen wollte, in den Nationalsozialisten mächtige Fürsprecher. Auch in Asien fielen die romantischen, modernisierungsfeindlichen Tendenzen der Nazis auf

252 Sean McMeekin, *The Red Millionaire: A Political Biography of Willi Münzenberg, Moscow's Secret Propaganda Tsar in the West* (2005), S. 1.

253 Daniel Brückenhaus, *Policing Transnational Protest: Liberal Imperialism and the Surveillance of Anticolonialists in Europe, 1905–1945* (2017), S. 194.

fruchtbaren Boden. Indonesische Nationalisten, die bisher Moskau gefolgt waren, wandten sich unumwunden der neuen faschistischen Achse Berlin-Tokio zu und begannen, faschistische Strukturen und Ideologien nachzuahmen.[254]

In Indien suchte der Aktivist der Kongress-Partei Subhas Chandra Bose die Unterstützung der Faschisten in Deutschland und in Japan gegen die Herrschaft der Briten. Bei Kriegsausbruch begründete Bose in Berlin das Zentrum Freies Indien, das zusammen mit der eigens dafür gegründeten Indienabteilung im Auswärtigen Amt versuchte, Inder in Europa und Südasien anzuwerben, um für die Nazis zu kämpfen.[255] Bose rekrutierte sogar aus indischen Kriegsgefangenen in Deutschland eine 3000 Mann starke »Legion Freies Indien«, die sich der Wehrmacht eingliederte.

Auch die nordafrikanischen Nationalisten wurden zu begeisterten Anhängern der Nazis, folgten dem Vichyregime und bildeten 1944 eine zweite »Brigade Nord-Africaine« mit Hilfe der französischen Gestapo, um gegen die Kolonien zu kämpfen, die unter Kontrolle von Charles de Gaulle und den »Freien Franzosen« standen. Diese Brigade, zu der etwa dreihundert Araber und Berber zählten, wurde vom algerischen Nazi-Unterstützer Mohammed El-Maadi geführt. Sie unterstützte die französischen Truppen im Kampf gegen

254 Yannick Lengkeek, »Staged Glory: The Impact of Fascism on ›Cooperative‹ Nationalist Circles in Late Colonial Indonesia, 1935–1942«, *Fascism* (2018).

255 Romain Hayes, *Subhas Chandra Bose in Nazi Germany: Politics, Intelligence, and Propaganda 1941–43* (2011); Tilak Raj Sareen, *Subhas Chandra Bose and Nazi Germany* (1996).

La Resistance. Hitler sollte es später bedauern, Vichy-Frankreich nicht zur Befreiung aller Kolonien gezwungen zu haben.[256]

Der Palästinenser Amin al-Husseini (der Mufti von Jerusalem, ein wichtiger sunnitischer Geistlicher) erfüllte das 1927 gegründete »Islamische Zentralinstitut« in Berlin wieder mit Leben und nutzte es als Bühne für seine Propaganda. Von 1942 an leitete er außerdem den Arabischen Nachrichtendienst, einen Nazi-freundlichen, antikolonialen Nachfolger der Organisation Liga gegen Imperialismus.

Adolf Hitler trifft 1941 Amin al-Husseini, den antikolonialistischen Mufti von Jerusalem.

256 Birthe Kundrus, »Colonialism, Imperialism, National Socialism: How Imperial Was the Third Reich?« in *German Colonialism in a Global Age* (2014).

Der Ruf der Nazis, die dekadente, althergebrachte Elite durch eine dynamische neue Jugendbewegung zu ersetzen, fiel in Ländern mit großen jugendlichen Bevölkerungen auf fruchtbaren Boden. In Deutschland lebende, ägyptische Antikolonialisten unterstützten den Anschluss des Sudetenlands und des Rheinlands in der Hoffnung, Hitler würde ihren Anspruch auf den Sudan als »Lebensraum« ebenfalls gutheißen. Nathanael Kuck von der Universität Leipzig nennt das »ein unerwartetes Zusammenspiel« des ausländischen Aktivismus und deutschen Faschismus.[257] Es ist jedoch nichts Unerwartetes, im Gegenteil. Die Nazis standen seit jeher für eine fundamentale Ablehnung des liberalen Internationalismus des deutschen Kolonialismus. Die ›glückliche‹ Verbindung von Antikolonialisten und Nazis ist völlig logisch.

Die Antikolonialisten verstanden, dass ihre illiberalen Visionen sich mit Kommunismus und Faschismus deckten. Hitler und Stalin waren für sie im Kampf gegen Großbritannien und Frankreich beide nützlich. Als die Nazis sich 1939 mit den Sowjets verbündeten, war das für Antikolonialisten das Natürlichste der Welt: Ihre totalitäre Vision, die bürgerliche, freiheitliche Zivilisation niederzureißen, war die natürliche Ergänzung zu den totalitären Bestrebungen Hitlers und Stalins.

Antikoloniale Gelehrte müssen sich dreimal verbiegen, um die freundschaftliche Zusammenarbeit zwischen den Nazis und den Antikolonialisten zu erklären. Die Antikolonialisten hätten vor einer »schwierigen ideo-

257 Nathanael Kuck, »Anti-Colonialism in a Post-Imperial Environment: The Case of Berlin, 1914–33«, *Journal of Contemporary History* (2014), S. 155.

logischen Entscheidung« gestanden, so Brückenhaus. Schuld sei nicht etwa die gemeinsame, fundamental illiberale Ideologie, sondern – natürlich – der Westen und die »inneren Widersprüche des westlichen imperialen Modells«.[258] Das wäre das perfekte T-Shirt-Motto für die gesamte postkoloniale akademische Zunft: »Der Kolonialismus ist schuld!«

Zwischen 1935 und 1943 mäßigte Hitler angesichts der veränderten politischen, militärischen und diplomatischen Umstände seine antikoloniale Politik etwas. Diese kurzzeitige und flüchtige Umarmung der Koloniallobby genießt natürlich das dankbare Interesse der antikolonialen Wissenschaft, bietet sie doch denjenigen, die die Nazis als Kolonialherren statt Antikolonialisten darstellen wollen, einen Strohhalm, nach dem sie greifen können.

Diese Wissenschaftler bekennen sich offen dazu, dass sie unbedingt den Kolonialismus mit dem Faschismus gleichsetzen wollen. So schreibt Russell Berman, Historiker an der Stanford University: »Eine Kontinuität zwischen dem Imperialismus des 19. Jahrhunderts und dem Nationalsozialismus des 20. Jahrhunderts stimmt mit normalen aktuellen Wertvorstellungen überein: Ein Übel, nämlich der Kolonialismus, wird hier hypothetisch mit einem zweiten Übel in Verbindung gebracht, dem deutschen Nationalsozialismus.[259] Der amerikanische Historiker Shelley Baranowski schreibt ebenfalls: »Da die

258 Daniel Brückenhaus, *Policing Transnational Protest: Liberal Imperialism and the Surveillance of Anticolonialists in Europe, 1905–1945* (2017), S. 170, 217.

259 Russell Berman, »Colonialism, and No End: The Other Continuity Theses«, in *German Colonialism: Race, the Holocaust, and Postwar Germany* (2011), S. 179.

Verbrechen der Nazis die deutsche Geschichte derart dominieren, scheint es fast unwiderstehlich, Parallelen zwischen der imperialistischen, kolonialen Kriegsführung, dem Völkermord und ethnischen Säuberungen der Nazis zu finden.«[260] Aber nur weil etwas »unwiderstehlich« ist oder »mit normalen aktuellen Wertvorstellungen übereinstimmt«, ist es noch lange nicht wahr.

Die angeblichen Beweise, dass die Nazis keine Antikolonialisten sondern Kolonialisten waren, beruhen auf den Propagandabotschaften und Organisationen, die spät im Dritten Reich entstanden waren und für einen neuen deutschen Kolonialismus plädierten. Hitler ergriff jedoch nie konkrete Schritte zur Kolonialisierung. Der Grund ist offensichtlich: Er wollte es nicht. Wie die definitive Studie des britischen Historikers Andrew Crozier dazu zeigte, benutzte Hitler die alte Koloniallobby als Druckmittel gegen die Briten, um Zugeständnisse in Osteuropa zu erreichen.[261] Doch die Appeasement-Fraktion der Briten musste rasch lernen, dass Hitler keine Kolonien haben wollte. Er wollte freie Hand in Europa. Hitler hätte sich der Kolonien angenommen, hätte man sie ihm angeboten, aber es war nicht seine Priorität. 1940 sagte Hitler: »Ich würde, bloß um eine Kolonie zu kriegen, nicht einen Tag länger Krieg führen.«[262]

Nach 1938 benutzten die Nazis koloniale Ansprüche, um heimische Industrie- und Finanzinteressen zu be-

260 Shelley Baranowski, *Nazi Empire: German Colonialism and Imperialism from Bismarck to Hitler* (2011), S. 49.

261 Andrew Crozier, *Appeasement and Germany's Last Bid for Colonies* (1988).

262 Christian Hartmann, Thomas Vordermayer, Othmar Plöckinger, Roman Töppel (Hgb.), *Hitler, Mein Kampf. Eine kritische Edition* (2016), Band 1, S. 398.

schwichtigen und die Unterstützung Weimarer Beamter zu sichern. Der Kolonialismus der Nazis war jedoch nur ein Potemkin'sches Dorf. Er verbarg nicht nur in irreführender Weise die hässliche Realität des nationalsozialistischen Anti-Kolonialismus, sondern war eine durchsichtige und zerbrechliche Fassade. Karsten Linne, Historiker an der Freien Universität Berlin, hat aufgezeigt, dass die Detailfreudigkeit und der Größenwahn der nationalsozialistischen Kolonialpläne umgekehrt proportional zu ihrer Ernsthaftigkeit war.[263]

Der Historiker Christian Hartmann nennt die Kolonialpläne der Nazis »marginal« gemessen an ihren eigentlichen Zielen.[264] Das Reichskolonialamt hatte zum Beispiel keine ausführende Entscheidungsgewalt und durfte insbesondere keine Werbung für deutsche Ansiedlung in den ehemaligen Kolonialgebieten machen. Den energischen Aktivitäten der Koloniallobby »begegneten Nazi-Beamte mit einer Mischung aus gelegentlicher Unterstützung, gemischten Gefühlen oder sogar konkreter Ablehnung«, so der amerikanische Historiker Willeke Sandler, »von jenen, die die europäischen territorialen Bestrebungen des Naziregimes über die Ziele der Koloniallobby in Übersee setzten«.[265]

Die Pläne der Nazis für Osteuropa wurden dagegen ständig revidiert und der Realität angepasst, weil sie in der Realität existierten. Die *Ostpolitik* war eine Tatsache, die

263 Karsten Linne: *Deutschland jenseits des Äquators? NS-Kolonialplanungen für Afrika* (2008).

264 Christian Hartmann, Thomas Vordermayer, Othmar Plöckinger, Roman Töppel (Hgb.), *Hitler, Mein Kampf. Eine kritische Edition* (2016), Band 1, S. 432.

265 Willeke Sandler, *Empire in the Heimat: Colonialism and Public Culture in the Third Reich* (2018), S. 183.

Kolonialpolitik nicht. Eben weil es völlig unrealistisch für das Dritte Reich war, ein Imperium in Afrika aufzubauen, waren den Fantasieplänen der alten Koloniallobby keine Grenzen gesetzt. Der Kolonialismus der Nazis führte erst die britischen Diplomaten hinters Licht, dann eine ganze Akademikergeneration, die ganz wild darauf war, Parallelen zwischen dem Faschismus und dem Kolonialismus zu finden.

Hitler gab sich nur zum Schein als Kolonialist, und die Koloniallobby gab sich nur zum Schein als nationalsozialistisch. So konnten Abenteurer wie die feministische Journalistin und Buschpilotin Louise Diel in Afrika herumfliegen und die Wiedergeburt des deutschen Kolonialismus planen. Diel schrieb nach ihrem Flug nach Kamerun, Namibia, Tansania und Togoland ihr Buch *Die Kolonien warten!*, ein Testament der anhaltenden Energie der Koloniallobby.[266] Das »Mädel im Tropenhelm«[267], wie Diel sich nannte, besichtigte Mussolinis Äthiopien und sah darin ein Vorbild für den neuen deutschen Kolonialismus in Afrika.[268] Diel sah »mit offenen Augen« nicht nur die italienische Eroberung, sondern auch den einheimischen Wohlstand, der im post-kolonialen Äthiopien abrupt enden und ein halbes Jahrhundert von Tod, Leid und Hunger einläuten sollte.

Hitler hatte jedoch kein Interesse daran. Der Kolonialismus lief der nationalsozialistischen Ideologie diametral entgegen. Die Koloniallobby war voller an-

266 Louise Diel, *Die Kolonien warten!* (1939).

267 Louise Diel, *Mädels im Tropenhelm* (1941).

268 Louise Diel, *Sieh unser neues Land mit offenen Augen: Italienisch-Ostafrika* (1938).

glophiler Bewunderer des *British Empire*. Kein Wunder, dass Diel von den Nazis bald als ideologisch suspekt eingestuft wurde – zu viele jüdische und katholische Freunde, zu viel Betonung der Freiheit der Frau, zu viel Liebe der nicht-deutschen Welt.[269] Heutige Kolonialhistoriker, die sonst jeden Schnupfen zum Zeichen des Widerstands hochstilisieren, ignorieren konsequent die Verfolgung Diels durch die Nazis, weil sie unbedingt die Gleichsetzung von Kolonialismus und Faschismus wollen.

Stalingrad setzte dem Potemkin'schen Dorf des Nazi-Kolonialismus ein jähes Ende. Danach gab es keine Träumereien von Nazikolonien in Afrika mehr. »Die Kolonialpolitik wurde für die Nazis ein Instrument der Innenpolitik, nicht der Außenpolitik«, so der kanadische Deutschland-Historiker Martin Kitchen. »Bis Stalingrad war das neue Deutsche Reich in Afrika bis ins kleinste Detail geplant, Beamte und Reichsverweser führten schon Grabenkämpfe um die künftigen Schaltstellen der Macht in diesem tropischen Märchenreich. Von einem Tag auf den anderen ließ ein knapper Befehl von [Hitlers Sekretär Martin] Bormann das ganze Kartenhaus zusammenstürzen.«[270] Hitlers Unterstützung der Koloniallobby war strategisch, nicht ideologisch (um mit Brückenhaus zu sprechen), und fand zu Kriegsende wieder zu seiner antikolonialen Ausgangslage.

269 Eric Roubinek, *Re-Imagined Communities: Racial, National, and Colonial Visions in National Socialist Germany and Fascist Italy, 1933–1943*, University of Minnesota, Department of History (2014), S. 79–91.

270 Martin Kitchen, »Review of Vom Reich Zum Weltreich: Hitler, NSDAP und Koloniale Frage 1919–1945«, *American Historical Review* (1970), S. 1743.

Interessanter sind vor allem die Erklärungen, warum die Koloniallobby sich kurzzeitig mit den Nazis angefreundet hat. Nach Wolfe Schmokel kam die Annäherung der Koloniallobby an die NSDAP, »als diese sich kompromißloser als alle anderen politischen Gruppen gegen den Versailler Vertrag auszusprechen schien und (die Koloniallobby) daher erwarten durfte, daß sie auch für die kolonialen Forderungen eintreten würde.«[271] Die Annahme, alle deutschen Konservativen seien heimliche Nazis, so der amerikanische Historiker Henry Cord Meyer, »verwischt die Realität der kolonialen revisionistischen Agitation in der Weimarer Republik, da diese Bewegung für eine nicht-nationalsozialistische, konservativ-nationale Plattform stand«.

Die Verweigerung einer seriösen Untersuchung der Frage, warum die Kolonialisten sich der Sache der Nationalsozialisten anschlossen, stellt ein völliges Versagen der Geschichtsschreibung dar, so Cord Meyer, denn »sie ignoriert die wichtigste Frage des deutschen Kolonialismus nach Versailles: Wie eine von Haus aus konservativ-nationale Frage zu einer rassistischen, faschistischen Politik verdreht, verzerrt und kompromittiert wurde.«[272]

Eine mögliche Antwort ist die einfache Notwendigkeit, dass in einem faschistischen Staat einen hohen Preis zahlt, wer es wagt, sich gegen Staat und

271 Wolfe W. Schmokel, *Der Traum vom Reich: Der deutsche Kolonialismus zwischen 1919 und 1945* (1967) S. 34; Engl. Orig. *Dream of Empire: German Colonialism, 1919–1945* (1964).

272 Henry Cord Meyer, »Review of Dream of Empire: German Colonialism, 1919–1945«, *American Historical Review* (1965), S. 236.

Partei zu stellen. Jemanden wie Heinrich Schnee zu kritisieren, weil er der NSDAP beigetreten ist, ist wie Aleksandr Solzhenitsyn zu kritisieren, weil er der KPdSU beigetreten ist. Schnee war jedenfalls nie ein strammer Nazi, sondern unterstützte sogar noch als Reichstagsabgeordneter den Widerstand.[273] Er war mit einer Gelegenheitsschauspielerin verheiratet, die von der Nazielite als Waisenkind für ihre suspekte Provenienz verachtet wurde. Schnee lehnte es ab, sich dem *Reichskolonialbund* der Nazis anzuschließen: »Es erwies sich aber, daß die NSDAP überwiegend gegen jede Ansiedlung Deutscher außerhalb des europäischen Bereichs eingestellt war« und »zu allerletzt an die Rückgewinnung der deutschen Kolonien« dachte«.[274]

Auch Diel weigerte sich bei ihrer Verteidigung des deutschen Kolonialismus, sich auf die Nazis einzulassen, und bezahlte dafür den Preis. Die anfänglichen Hoffnungen, die die Koloniallobby in die Nationalsozialisten gesetzt hatte, wurden schnell enttäuscht, da die Nazis sich als genauso antikolonial erwiesen, wie sie sich anfangs gegeben hatten. Das illiberale Wesen des Dritten Reichs war ein unüberwindbares Hindernis für ein neues liberales deutsches Kolonialreich. Die Gleichsetzung von Kolonialismus und Faschismus ist für alle Kolonialkritiker unwiderstehlich verlockend. Aber sie ist faktisch falsch.

273 Lewis Gann, »Heinrich Schnee«, in *African Proconsuls: European Governors in Africa* (1978), S. 519.

274 Heinrich Schnee, *Als letzter Gouverneur in Deutsch-Ostafrika: Erinnerungen* (1964), S. 179, 181.

In ihrem ersten Hauptwerk »Elemente und Ursprünge totaler Herrschaft« (1951) behauptete die deutsch-amerikanische Philosophin Hannah Arendt, dass der europäische Imperialismus – den sie mit der Ära des deutschen Kolonialismus gleichsetzt – das Rassendenken verankert habe, was wiederum zum Holocaust geführt habe. »Afrikanische Kolonialgebiete waren der fruchtbarste Boden für das, was später die Nazielite werden sollte«, so Arendt.[275] Diese *Kontinuitätsthese,* wie sie später genannt wurde, zog eine direkte Linie vom deutschen Kolonialismus bis zum Holocaust. Der Propaganda-Apparat der DDR übernahm diese These, welche sich dann in den 1970er an deutschen Universitäten breitmachte.[276] Seine volle Blüte erreichte sie in Jürgen Zimmerers Versuchen in den Nullerjahren, eine monokausale und deterministische Verbindung zwischen dem deutschen Kolonialismus und dem Holocaust zu konstruieren – »Von Windhuk nach Auschwitz?«[277] Diese wiederaufgewärmte These brachte Zimmerer im anti-westlichen *Zeitgeist* unserer Gegenwart so viel Lob ein, dass das ursprüngliche, zaghafte Fragezeichen des deutschen Originals in der englischen Fassung schon verschwunden war.[278] Seitdem hat ein ganzer akademischer

275 Hannah Arendt, *The Origins of Totalitarianism* (1951), S. 206.

276 Horst Kühne, *Faschistische Kolonialideologie und Zweiter Weltkrieg* (1962); Peter Schmitt-Egner, *Kolonialismus und Faschismus: Eine Studie zur historischen und begrifflichen Genesis faschistischer Bewusstseinsformen am deutschen Beispiel* (1975).

277 Jürgen Zimmerer und Joachim Zeller, *Völkermord in Deutsch-Südwestafrika: Der Kolonialkrieg (1904–1908) in Namibia und seine Folgen* (2003); Jürgen Zimmerer, »Colonialism and the Holocaust. Towards an Archeology of Genocide«, in *Genocide and Settler Society* (2004).

278 Jürgen Zimmerer, *Von Windhuk nach Auschwitz?: Beiträge zum Verhältnis von Kolonialismus und Holocaust* (2011); *From Windhoek to Auschwitz: On the Relationship Between Colonialism and the Holocaust* (2015).

Industriezweig von »Windhoek nach Auschwitz«-Betroffenheitsexperten dieses Mantra aufgegriffen.[279]

Es ist in vielfacher Hinsicht falsch. Um mit dem Offensichtlichen anzufangen: Wenn es der Sinn des Kolonialismus ist, über andere Völker zu herrschen – um sie auszubeuten, oder um sie zu zivilisieren – dann hilft ein Völkermord dabei kaum. Wie Roberta Pergher und Mark Roseman von der Indiana University mit trockenem Humor schrieben: »Wenn *alle* 'Anderen' eliminiert werden... worüber sollen die Imperialisten dann noch herrschen?«

Schwerwiegender erscheint die Tatsache, so die Historiker, dass die »Kontinuitätsthese« den verzweifelten Versuch darstellt, Verbindungen herzustellen, wo keine existieren: »Wenn wir uns dem Holocaust zuwenden, ist die koloniale Prägung des Dritten Reichs so gering, dass man sie kaum ausmachen kann. Die Kontinuität der Personen und Regierungsstrukturen war minimal; die Resonanzen der institutionellen Reflexe oder sozialen Normen schwer auszumachen.«[280]

Robert Gerwarth von der Universität Dublin und Stephan Malinowski des Freiburger *Institute for Advanced Studies* lieferten ähnlich vehemente Gegenargumente:

279 Elizabeth Baer, Genocidal Gaze: From German Southwest Africa to the Third Reich (2017); Klaus Bachmann, Genocidal Empires: German Colonialism in Africa and the Third Reich (2018); Carroll Kakel, *The Holocaust as Colonial Genocide: Hitler's ›Indian Wars‹ in the ›Wild East‹* (2013); David Olusoga und Casper Erichsen, *Kaiser's Holocaust: Germany's Forgotten Genocide and the Colonial Roots of Nazism* (2010); Benjamin Madley, »From Africa to Auschwitz: How German South West Africa Incubated Ideas and Methods Adopted and Developed by the Nazis in Eastern Europe«, *European History Quarterly* (2005).

280 Roberta Pergher und Mark Roseman, »The Holocaust: An Imperial Genocide?«, *Dapim: Studies on the Holocaust* (2013), S. 43f.

Die deutsche koloniale Sicherheitspolitik und durchgeführte Stabilisierungsoperationen unterschieden sich kaum von denen anderer europäischer Kolonialmächte. Für die deutschen Offiziere und ihre eingeborenen afrikanischen Mitstreiter dienten diese Operationen nicht der Eliminierung bestimmter Gruppen, sondern der Eliminierung von Sicherheitsbedrohungen. Die Kolonialoperationen wurden vor Ort konzipiert und nach pragmatischen Gesichtspunkten implementiert. Von einem »deutschen Kolonialmodell« bei der Aufstandsbekämpfung zu sprechen, wäre also verfehlt. Die Gewaltanwendung im deutschen Kolonialismus war begrenzt und pragmatisch.

Wenn es Kontinuitäten des deutschen Kolonialismus im Dritten Reich gab, gehören Völkermord und Massenvernichtung *per Definition* nicht dazu. Es gab in Namibia keinen zentral gesteuerten, programmatischen Völkermord, deshalb kann es logischerweise keinen kausalen Zusammenhang mit dem Holocaust geben. Radikale deutsche Akademiker wie der Soziologe Reinhart Kossler hassen es, daran erinnert zu werden, dass ihre »Wahrheiten« über Namibia umstritten sind: »Diese besessene Völkermordleugnung führt direkt zur Holocaustleugnung«, so Kossler.[281] Es ist eine merkwürdige Verdrehung von Ursache und Wirkung: Mit anderen Worten, weil es den Holocaust gegeben hat und die Nazis aus dem Kolonialismus hervorgegangen sein *müssen, muss* es auch in Namibia einen Völkermord gegeben haben.

281 Reinhart Kossler, *Namibia and Germany: Negotiating the Past* (2015), S. 120f.

Der Weg von Windhoek nach Auschwitz ist einer des Zivilisationsbruchs: »Der Nationalsozialismus und der [Holocaust] waren ein *Bruch* mit den europäischen Traditionen des Kolonialismus, statt einer Kontinuität«, so Gerwarth und Malinowski. Während eine solche Interpretation natürlich radikalen Akademikern viel weniger schmeckt, schreiben sie, »hätte so eine Interpretation einen wichtigen Vorteil: empirische Belastbarkeit«.[282]

Drittens, um es erneut deutlich zu machen: Wenn es eine Verbindung zwischen dem Holocaust und der deutschen Kolonialgeschichte gibt, dann zum deutschen *Antikolonialismus*, nicht dem deutschen Kolonialismus. Hitler und die Nazis waren Antikolonialisten, in Worten und in Taten. Die Antikolonialfraktion in der Friedrichstrasse, die sie hofierten, spielte eine Schlüsselrolle im Niedergang des deutschen Liberalismus und schmeichelte sich sowohl bei Kommunisten wie bei Faschisten ein. Derselbe Antikolonialismus, den es in Berlin gab, speiste in Moskau auch die Gräueltaten der anderen europäischen totalitären Bewegungen. Der Welt-Journalist Alan Posener schrieb treffend: »Es führt kein Weg von Windhoek nach Auschwitz, wohl aber ein Weg vom Antiimperialismus zum Gulag.«[283]

Es war die Entmachtung der deutschen Koloniallobby, nicht das Gegenteil, was zum Aufstieg der Nazis und ihrer schrecklichen Verbrechen führte. Wenn ein

282 Robert Gerwarth und Stephan Malinowski, »Hannah Arendt's Ghosts: Reflections on the Disputable Path from Windhoek to Auschwitz«, *Central European History* (2009), S. 285, 300.

283 Alan Posener, »Bruce Gilley und die AfD«, starke-meinungen.de, 17. Dezember 2019.

Weg nach Auschwitz führt, so beginnt dieser nicht in Windhoek, sondern in der Friedrichstraße. Ein besserer Buchtitel wäre also gewesen: *Von der Friedrichstraße nach Auschwitz: Der deutsche Antikolonialismus und der Holocaust.*

Viele Experten erkennen das »Windhoek nach Auschwitz«-Argument jetzt als das an, was es ist: ein offensichtlicher Versuch, den deutschen Kolonialismus mittels des Holocaust in Misskredit zu bringen. Neben allen empirischen Fehlern ist dies eine abgrundtief abstoßende Instrumentalisierung des Andenkens der Opfer der Shoah für die Zwecke einer postmodernen politischen Agenda.

Das *Jerusalem Center for Public Affairs* definiert die Trivialisierung des Holocaust als »metaphorisches Werkzeug für ideologisch oder politisch motivierte Aktivisten, um Themen, die sie ablehnen, mit der industriellen Vernichtung der Juden im Zweiten Weltkrieg durch Deutsche, Österreicher und andere gleichzusetzen«.[284] Den deutschen Kolonialismus mit dem Holocaust zu vergleichen, ist nicht nur historisch blind, es ist auch ein Paradebeispiel für eine moralisch abstoßende Instrumentalisierung des Holocaust.

284 Dr. Manfred Gerstenfeld, »Holocaust Trivialization«, 9. April 2008, http://jcpa.org/article/holocaust-trivialization/.

Kapitel 10: Antikolonialismus im Kalten Krieg: Der späte Sieg der DDR

Nach dem Zweiten Weltkrieg war der Kolonialismus kein Thema mehr in Deutschland. Die letzten Menschen, die sich an die Zeiten des »freundlichen deutschen Onkels«[285] erinnerten, waren schon alt und standen nun unter der Herrschaft anderer europäischer Mächte. So blieb Deutschland das »Ende mit Schrecken« der Dekolonialisierung der 60er Jahre und die Debatte darüber erspart. Als die Familie von Heinrich Schnee 1964 seine Memoiren veröffentlichte, stießen sie in Deutschland auf völliges Desinteresse.[286] Manche Deutsche kämpften anderweitig für den europäischen Kolonialismus. Nach 1945 dienten etwa 35 000 Deutsche in der französischen Fremdenlegion in Indochina bis zur französischen Niederlage 1954, weitere 12 000 von 1954 bis 1962 in Algerien. Für den Großteil der Deutschen war der Kolonialismus kein Thema mehr.

Nach ihrer »Befreiung« erlitten die sechs deutschen Kolonien Chaos und Kollaps verschiedenen Grades. Die Warnungen der ehemaligen deutschen Koloniallobby bewahrheiteten sich zu einhundert Prozent. Die chinesischen Kommunisten übernahmen Qingdao und plünderten es sofort für die KP. Die Brauerei überlebte nur, weil sie in die Kolonie Hongkong expor-

285 Robert Cornevin, *Histoire de la colonisation allemande* (1969), S. 122.

286 Heinrich Schnee, *Als letzter Gouverneur in Deutsch-Ostafrika: Erinnerungen* (1964).

tierte.[287] Die drei afrikanischen Kolonialgebiete, die Tansania, Togo und Kamerun werden sollten, erfuhren verschiedene Ausprägungen von Unglück und Niedergang. Das Ein-Parteien-Experiment Julius Nyereres in Tansania erzwang die gewaltsame Umsiedlung von elf Millionen Menschen in zwangskollektivierte »*Ujamaa*-Dörfer«, samt Hungersnöten 1974 und 1981. Togo und Kamerun wurden Diktaturen. Die Unabhängigkeit von Papua-Neuguinea 1975 und Namibia 1990 verlief nicht besser.

Der deutsche Kolonialismus war tot, aber der deutsche Antikolonialismus erblühte zu neuem Leben. Während der vier Jahrzehnte des Kalten Krieges bis 1989 war die DDR integraler Bestandteil des Warschauer Paktes, Forschung und Außenpolitik der DDR waren einseitig und berechenbar antikolonialistisch eingestellt. In der BRD blieb der Antikolonialismus der Nazis erhalten, jetzt unter linksextremem Vorzeichen. Die westdeutsche Linke stand zwar offiziell nicht unter der Fuchtel Moskaus, spielte jedoch brav ihre Rolle als nützlicher Idiot und betrieb die überstürzte Dekolonialisierung der europäischen Weltreiche in den 1950ern und 1960ern mit.

Das Schlüsselereignis für die spätere deutsche Kolonialgeschichtsschreibung war die Beschlagnahmung der deutschen Kolonialarchive in Berlin durch die Rote Armee 1945. Dadurch wurden sämtliche Akten zur Munition für staatshörige Propagandisten, die folgsam

287 Zhiguo Yang, »›This Beer Tastes Really Good‹: Nationalism, Consumer Culture und Development of the Beer Industry in Qingdao, 1903–1993«, *Chinese Historical Review* (2007).

ihre Traktate gegen den deutschen Kolonialismus ablieferten. Jeder deutschen Kolonie wurde ein Team aus ostdeutschen und sowjetischen Historikern zugeteilt mit dem klaren Auftrag, jegliche Darstellung des deutschen Kolonialismus als nützlich oder legitim zu »dekonstruieren«, wie der amerikanische Historiker Dennis Laumann schrieb. »Die Arbeit dieser Wissenschaftler in der UdSSR und dem Warschauer Pakt basierte auf den Theorien des Imperialismus und des Neo-Kolonialismus von Lenin beziehungsweise Nkrumah«, lobt Laumann.[288]

Die Parteisoldaten, die in diesem antikolonialen Gulag schuften mussten, waren weniger erfreut. »Hauptanliegen der DDR Geschichtsschreibung über das deutsche Übersee Engagement war es vor allem, die traditionelle beschönigende Apologetik über die koloniale Vergangenheit Deutschlands durch gründliche Forschungen zu widerlegen«, schrieb der ostdeutsche Kolonialforscher Ulrich van der Heyden. Die Forscher sollten »aus den traditionellen Bindungen einer bürgerlichen Wissenschaftssystematik gelöst« arbeiten. Alle positiven Bewertungen der Errungenschaften des deutschen Kolonialismus wurden entfernt, so van der Heyden. Es handelte sich nicht um wissenschaftliche Forschung, sondern um »Politikberatung« im Sinne des Warschauer Paktes. »Die Afrika-Historiker hatten ihre liebe Not, ihre Forschungsvorhaben in solche vorgegebenen Richtlinien (...) einzupassen und somit ihre Legitimität nachzuweisen.« Mit bewundernswertem Humor stellte er fest, dass die rigide Ideologie ihres

288 Dennis Laumann, »A Historiography of Deutsch Togoland, or the Rise and Fall of a ›Model Colony‹«, *History in Africa* (2003), S. 205f.

Auftrages die rigide Ideologie des kommunistischen Systems spiegele, die in ironischer »Dialektik« auch ihren eigenen Zusammenbruch herbeiführte.[289]

In den 1960ern wurde eine zweibändige Geschichte Deutsch-Kameruns von einem Kollegium der Ostberliner Humboldt Universität unter Federführung von Professor Helmuth Stoecker verfasst, um mittels marxistisch-leninistischer Schablonen die Entstehung eines »Proletariats« mit »Klassenbewusstsein« herbei zufantasieren. Das Schlusswort war eine Ode an die verurteilte russische Spionin Rosa Luxemburg.[290] Leninistische Forscher attackierten den Sohn von Häuptling Ndumbe Bell, der sein Nachfolger auf dem Thron der Duala wurde, weil er sich weigerte, eine »militante Massenbewegung« zu schaffen.

Die legendäre Politik- und Wirtschaftswissenschaftlerin Charlotte Leubuscher, die aus Nazi-Deutschland nach England floh, beklagte, dass die Bände der Humboldt-Universität »unserem Wissen zu dem Thema nichts hinzuzufügen hatten. Der seriöse Wissenschaftler wird darin nichts von Interesse finden, außer zu sehen, was am ehemaligen Lehrstuhl von Niebuhr, Ranke, Mommsen und anderen Größen der Geschichtsschreibung heute als Wissenschaft durchgeht.«[291] Eine Bewertung, die seitdem stellvertre-

289 Ulrich Van Der Heyden, »Die Afrika-Geschichtsschreibung in der ehemaligen DDR: Versuch einer kritischen Aufarbeitung«, *Africa Spectrum* (1992), S. 207, 210, 211.

290 Helmuth Stoecker (Hrsg.), *Kamerun unter deutscher Kolonialherrschaft* (2 Bde., 1960 und 1968).

291 Charlotte Leubuscher, »Review of Kamerun unter Deutscher Kolonialherrschaft«, *Journal of African History* (1961), S. 353.

tend für die gesamte deutsche Kolonialforschung gelten kann.
Während die DDR-Forschung brutalstmögliche Bewertungen der deutschen Kolonialgeschichte fabrizierte, war die DDR selbst an der brutalstmöglichen Unterdrückung von farbigen Menschen auf der ganzen Welt beteiligt. Als ein marxistisches, sowjetgestütztes Regime 1967 im Südjemen die milde britische Herrschaft vertrieb, durfte die DDR eine hausgemachte Revolution begleiten. In der Spitze waren 2000 DDR-Kader für die Errichtung von Systemen zur Massenunterdrückung und Verelendung zuständig. Polizei, Kitas, Theater und Fernsehsender wurden nach DDR-Vorbild eingerichtet. Stasi-Offiziere halfen dabei, 250 jemenitische Offiziere zu identifizieren, die dem neuen Regime gegenüber als illoyal bezeichnet wurden, und die man kurz darauf hinrichten ließ.

Der Antikolonialismus der DDR verwandelte das blühende, kosmopolitische britische Schutzgebiet Aden in einen Schutthaufen.[292] Ein Drittel der Arbeiter floh trotz Verbot des Regimes in die Golfstaaten und nach Saudi-Arabien, um Arbeit zu finden und schickte bald 60 bis 70 Prozent der jemenitischen Auslandsdevisen nach Hause. Bis 1982 war das pro-Kopf-Einkommen auf 450 Dollar halbiert.[293] Nach der Bodenkollektivierung flohen die meisten Bauern in die Städte und wurden zu Bettlern. Dennoch gibt es keinen Wissenschaftszweig an deutschen Universitäten, der die Wahrheit über den Anti-

292 Miriam Müller, *A Spectre is Haunting Arabia: How the Germans Brought their Communism to Yemen* (2015), S. 277, 292.

293 Fred Halliday, »Catastrophe in South Yemen: A Preliminary Assessment«, *MERIP Middle East Report* (1986), S. 37f.

Kolonialismus der DDR aufarbeitet. Im Gegenteil: Sie wird unter den Teppich gekehrt und als eine progressive Vision ausgegeben, die leider aufgrund bedauernswerter praktischer Schwierigkeiten nicht von Erfolg gekrönt war, vermutlich aufgrund von »Altlasten« des britischen Kolonialismus, wie ein britischer Historiker schrieb.[294]

Das andere Parabeispiel des desaströsen Antikolonialismus der DDR war das ehemalige Deutsch-Südwestafrika.[295] Für linke Gelehrte war die Unterstützung der DDR für die revolutionären Guerillas der SWAPO (*South-West Africa People's Organisation*) im Kampf gegen die südafrikanische Herrschaft seit 1914 eine Art Wiedergutmachung für die Verbrechen von Trothas.

In Wahrheit wurde die SWAPO gegründet, um für die Rechte der Ovambo zu kämpfen, nicht die ihrer historischen Feinde, der Herero oder Nama. Für linke Akademiker war der Antikolonialismus der DDR per Definition dem deutschen Kolonialismus überlegen, da er auf Kommunismus und Sozialrevolution basierte.[296] Auch hier war die Stasi fleißig und half der SWAPO, »Verräter« in den eigenen Reihen aufzuspüren.[297]

Mit Finanzierung der DDR und UdSSR ermordete die SWAPO bei ihrem antikolonialen Kreuzzug von Angola aus in den 1980er Jahren mindestens 700 seiner

294 Noel Brehony, »From Chaos to Chaos: South Yemen 50 Years After the British Departure.« *Asian Affairs* (2017).

295 Sascha Wisotzki, *Die Unterstützung der SWAPO von Namibia durch die DDR in den Jahren 1975 bis 1989* (2008).

296 Jens Gerlach, *Der Herero-Aufstand und die anderen Deutschen* (2005).

297 Roland Wingert, *Schwarzer Mohn: das Leben und Denken eines Aufklärers der DDR in Südwest-Afrika* (2006).

eigenen Mitglieder, während weitere 4200 Insassen ihrer Straflager immer noch als »vermisst« gelten.[298]

Die antikoloniale DDR benutzte das hochtrabende Ideal der »Solidarität«, um sich von der 'neo-kolonialen' Bundesrepublik abzuheben, und sich als das bessere Deutschland darzustellen, »sowohl gegenüber den afrikanischen Partnern wie auch gegenüber der eigenen Bevölkerung«, so Historiker Toni Weis. Beim Guerillakrieg der SWAPO starben Millionen, weit mehr als durch Lothar von Trotha, doch diesmal geschah alles im Namen höchster Ideale. Mit Galgenhumor bemerkt Weis, die DDR »betonte die Solidarität zwischen Völkern statt der Solidarität zwischen Menschen«.[299]

Es wundert also kaum, dass bei der Einrichtung eines Dokumentationszentrums zum »antikolonialen Widerstand und Freiheitskampf der SWAPO« durch die Bundesregierung nur der Zeitraum vor 1966 betrachtet wurde, bevor die Gräueltaten begannen.[300] Die Mauer des Schweigens um diese von der DDR finanzierten, antikolonialen Gräuel wurde 1995 von einem deutschen Missionar durchbrochen.[301] Die völlige Geschichtsvergessenheit der deutschen Intellektuellen

298 John Saul und Colin Leys, »Lubango and After: ›Forgotten History‹ as Politics in Contemporary Namibia«, *Journal of Southern African Studies* (2003).

299 Toni Weis, »The Politics Machine: On the Concept of ›Solidarity‹ in East German Support for SWAPO«, *Journal of Southern African Studies* (2011), S. 363, 366.

300 Peter Katjavivi, »The Establishment of a Documentation und Research Centre on the History of the Anti-Colonial Resistance und the Liberation Struggle of the Namibian people«, *MBEC/GTZ Draft Report on the Preservation of a Namibian Heritage* (2000).

301 Siegfried Groth, *Namibische Passion: Tragik und Grösse der namibischen Befreiungsbewegung* (1995). Der englische Titel ist deutlicher: *Namibia, The Wall of Silence: The Dark Days of the Liberation Struggle.*

in Bezug auf diese Verbrechen ist ein weiterer, wenn auch später Triumph der DDR-Propaganda. Lieber wird eine völlig absurde »Geschichtsvergessenheit« in Bezug auf Lothar von Trotha konstruiert, trotz enormer amtlicher und akademischer Finanzierung für Forschung und Veröffentlichungen zu den Kriegen in Südwest zwischen 1903 und 1907. Man könnte auch sagen: Die antikoloniale DDR war eine militante Version der gegenwärtigen antikolonialen deutschen Forschung.

Durch ihre Finanzierung antikolonialer, pro-kommunistischer Bürgerkriege fügte die DDR vielen weiteren afrikanischen Völkern schwerwiegendes menschliches Leid zu. Der Umsturz des portugiesischen Kolonialismus in Angola und Mozambique plagt diese Länder immer noch. Die westdeutschen Sozialdemokraten, die zwischen 1969 und 1982 in Bonn regierten, besaßen die Weitsicht, Portugal in der Ablehnung der sofortigen Dekolonisierung zu unterstützen, und wurden dafür natürlich von Antikolonialforschern verurteilt.[302] Die DDR lieferte außerdem Panzer und Handfeuerwaffen an das mörderische Mengistu-Regime (1977-1991) in Äthiopien, das für den Tod von ein bis zwei Millionen Äthiopiern verantwortlich war. Ein Buch fröhlicher Erinnerungen ehemaliger Stasi- und DDR-Beamter an ihre Verbrechen in diesen afrikanischen Ländern hieß 2005 ironischerweise »*Wir haben Spuren hinterlassen!*«[303] Und ob!

302 Rui Lopes, *West Deutschland und the Portuguese Dictatorship: Between Cold War und Kolonialismus* (2014).

303 Matthias Voß, *Wir haben Spuren hinterlassen!: Die DDR in Mosambik; Erlebnisse, Erfahrungen und Erkenntnisse aus drei Jahrzehnten* (2005).

Die Behauptung der staatskonformen DDR-Wissenschaft in den 60er-Jahren war, dass es die westdeutsche Entwicklungshilfe in Afrika gewesen sei, die Leid verursachte, nicht die Bürgerkriege der Stasi.[304] Diese Kritik war so durchsichtig und akademisch dürftig, dass man das Gefühl bekam, »dass viele kommunistische Wissenschaftler eher Dienst nach Vorschrift leisten«, schrieb der britische Historiker George Gretton.[305] Seitdem hat sich nicht viel verändert, außer dass nun der bundesdeutsche Steuerzahler diese Pseudowissenschaft finanziert. Zum Beispiel kritisieren solche Forscher reflexhaft die deutschen Missionarsschulen in Afrika und Asien, die vor 1914 Lesen und Schreiben lehrten, loben dagegen aber überschwänglich die DDR-Kaderschulen in Afrika, die laut einer Befürworterin den Afrikanern »neue Horizonte eröffneten«.[306]

Wer die deutsche Kolonialgeschichtsschreibung liest, muss zu dem Schluss kommen, dass die DDR den Kalten Krieg nachträglich gewonnen hat. Linksradikale Akademiker loben die Erfolge der DDR überschwänglich, während »Konservative« allerhöchstens eine moralische Gleichwertigkeit von Ost und West postulieren dürfen.[307] Es bleibt US-amerikanischen kalten Kriegern wie dem Politikwissenschaftler Melvin Croan vorbe-

304 Paul Friedländer, *Der Neokolonialismus der westdeutschen Bundesrepublik: Eine Dokumentation* (1965).

305 George Gretton, Review of Neokolonialismus: Untersuchungen über die wirtschaftliche und politische Expansion des westdeutschen Imperialismus in Afrika und Asien, *International Affairs* (1964), S. 530.

306 Tanja Müller, »›Memories Of Paradise‹: Legacies Of Socialist Education in Mozambique«, *African Affairs* (2010), S. 470.

307 Young-sun Hong, *Cold War Deutschland, the Third World, und the Global Humanitarian Regime* (2015).

halten, das Offensichtliche festzustellen: Dass die DDR keinen Anti-Kolonialismus praktizierte, sondern eine toxische neue Form des Kolonialismus. Die kapitalistische und demokratische BRD-Politik war der einzige fortschrittliche Gegenentwurf, der zur Verfügung stand.[308]

Der deutsche Kolonialismus wurde von einer Reihe illiberaler politischer Bewegungen bekämpft – den Sozialisten, den National-Sozialisten, der »Deutschen Demokratischen Republik«, und zu guter Letzt auch vom deutschen akademischen Establishment. Es ist also kein Wunder, dass der gewöhnliche Deutsche unter dem Dauerbeschuss von Kolonialkritikern von Bebel über Hitler zu Stoecker und Zimmerer kein positives Bild der deutschen Kolonialgeschichte hat. Der *Kolonialfreund* des deutschen Mainstreams der 1920er-Jahre war ab 2020 ein *Kolonialfeind* geworden.

Diese Entwicklung erreichte in den 1960er Jahren ihre gegenwärtige Ausprägung, als westdeutsche Studenten den Mantel des Anti-Kolonialismus von der LAI übernahmen. An den West-Unis wurde die Bonner Unterstützung der portugiesischen und französischen Guerillabekämpfung in ihren Kolonien ein Aufregerthema. Der deutsche Kommunist Winfried Müller agitierte so erfolgreich für die algerische Nationale Befreiungsfront (FLN), dass Bonn FLN-Kämpfern in Westdeutschland Asyl anbot.[309] Als der Antikolonialismus in den 1960ern Fahrt aufnahm, reüs-

308 Melvin Croan, *DDR-Neokolonialismus in Afrika* (1981).

309 *West Deutschland, Cold War Europe and the Algerian War,* Mathilde Von Bulow S. 117–119.

sierte ein nativistischer Antikolonialismus in der westdeutschen Gesellschaft, an dem Hitler seine Freude gehabt hätte.

Emblematisch für diese endgültige Verdrehung war der Sturz einer 2,40 Meter großen Statue des Kolonialforschers, Militärführers und einstweiligen Gouverneurs von Deutsch-Ostafrika Hermann von Wissmann durch Studenten der Universität Hamburg 1968. Die Studenten stürzten die Statue nicht im Namen der freiheitlichen westlichen Werte, ganz im Gegenteil: Sie stürzten die Wissmann-Statue, *weil* er für diese Werte stand – und nahmen damit den kopf- und sinnlosen Bildersturm der neo-marxistischen *Black Lives Matter* Bewegung 2020 in den USA und weltweit vorweg.

Das umgestürzte Fragment eines 1909 in Daressalam (Tansania) errichteten Denkmals für den Gouverneur Deutsch-Ostafrikas Hermann von Wissmann. Im Deutschen Historischen Museum wurde das Fragment vor eine Collage von "Revolutionspostern" von 1968 drapiert – dem Jahr, in dem es von Studenten der Universität Hamburg vom Sockel gestürzt worden war. (dpa picture alliance/Alamy)

»Im Kontext der gegenwärtigen Diskussion über Befreiungsbewegungen der Dritten Welt ist die deutsche koloniale Vergangenheit ein ausgezeichnetes Beispiel der ›bösen Machenschaften‹ des Kapitalismus«, freute sich ein Wissenschaftler. Der Denkmalsturz sei ein »Vorbote des baldigen Niedergangs des Kapitalismus«. Diese Studenten und ihre radikalen Professoren wollten nichts Geringeres als Deutschland wieder in den Albtraum der totalitären Diktatur stürzen, diesmal im kommunistischen statt nationalsozialistischen Gewand: »Von der kubanischen Revolution bis zum Vietnamkrieg und der chinesischen Kulturrevolution schien die Dritte Welt ihre Ketten aufzubrechen, und sich von der Herrschaft ihrer vormaligen Kolonialherren zu befreien.«[310]

Wie im Dritten Reich wurde dabei fortwährend das westlich-liberale Erbe der europäischen Aufklärung vom deutschen Antikolonialismus erdrosselt. Die Intellektuellen, auf dessen Werke diese Studenten und ihre Dozenten sich beriefen, waren keine Verfechter der freiheitlichen Gesellschaft, die auf allgemeinen Prinzipien der Menschenrechte basiert. Sie waren vielmehr Menschen wie Frantz Fanon, die im Wesentlichen faschistischen Ideen der »nationalen Befreiung« nachhingen, wie Egon Flaig von der Universität Rostock feststellte.[311] Der Antikolonialismus im Nachkriegsdeutschland war eine Fortsetzung des totalitären Antikolonialismus der Nazis und der DDR.

310 Ingo Cornils, »Denkmalsturz : The German Student Movement and German Colonialism«, in *German Colonialism and National Identity* (2011), S. 200f.

311 Egon Flaig, »Faschistoider ›Antikolonialismus‹ Frantz Fanon«, in *Die Niederlage der Politischen Vernunft: Wie Wir Die Errungenschaften Der Aufklärung verspielen* (2017).

Während die Deutsche Kolonialära im Nebel der Vergangenheit verschwand, so Flaig, wurden historische Debatten durch »Gedächtnispolitik« verdrängt, mit der Aktivisten die deutsche Kolonialgeschichte für ihre eigene politische Agenda instrumentalisieren konnten.[312] Die Vorstellung der Geschichtsschreibung als Ansammlung objektiver Tatsachen, um die Vergangenheit zu beschreiben und zu erklären, wich einer postmodernen Vorstellung von Geschichte als progressivem Narrativ, das der Vergangenheit übergestülpt wird, um gegenwärtige politische Projekte voranzubringen, vom sozialen Umbau der Gesellschaft bis zur Abschaffung der fossilen Brennstoffe. Jede andere Auffassung der Geschichtsschreibung sei demnach reine Naivität.

Heute gehört es zum Glaubensbekenntnis der antikolonialen Akademiker, dass die deutsche Öffentlichkeit an Gedächtnisverlust und an »allgemeiner Isolation von der bitteren Wirklichkeit des Kolonialismus« leide, wie Reinhart Kossler es voller Überheblichkeit ausdrückte. [313] Kossler erklärt nicht, auf welcher Grundlage er 366 Million Lebensjahre des deutschen Kolonialismus als »bittere Wirklichkeit« diffamiert. Aber da die meisten dieser Akademiker auch das Leben im heutigen Deutschland als »bittere Wirklichkeit« erachten, sagt uns das vielleicht mehr über deren eigene Psychologie als über die Vergangenheit.

Die Dekolonialisierungsbewegung war bis 2020 eine gutorganisierte Industrie aus Lobbyisten, Wissen-

312 Egon Flaig, »Memorialgesetze und historisches Unrecht. Wie Gedächtnispolitik die historische Wissenschaft bedroht«, *Historische Zeitschrift* (2016).

313 Reinhart Kossler, *Namibia und Deutschland: Negotiating the Past* (2015), S. 71.

schaftlern und Politikern, die alle einem monokausalen Kult der Kolonialverbrechen huldigten. Diese erkenntnistheoretische Sekte stellte keine kritischen Fragen mehr, sondern wiederholte nur gebetsmühlenartig ihr Glaubensbekenntnis: Deutschland müsse sich für seine Kolonialgeschichte schämen, die Menschen geschadet und negative Auswirkungen gezeitigt hätte; dass die Deutschen sich bis heute dafür zu schämen und um Vergebung zu betteln hätten; und dafür enorme Wiedergutmachungssummen an die ehemaligen Kolonialgebiete (am besten an kolonialkritische Forscher und Aktivisten) zahlen sollten. Deshalb müssten die Deutschen heute ihre Grenzen für eine unkontrollierte Masseneinwanderung aus der Dritten Welt öffnen, um Buße für ihre kolonialen Verbrechen zu tun.

Das ultimative Zeichen des Eingeweihten dieser Sekte ist die Unterstellung, dass der deutsche Kolonialismus nur ein Vorspiel für den Leibhaftigen höchstpersönlich gewesen sei, nämlich die globale Dominanz der USA. »Man kann die Frage stellen, ob sich die Politik Washingtons und der NATO nach dem 11. September 2001 in neokolonialen Traditionen bewegt hat«, so Jürgen Zimmerer im *Spiegel*.[314]

2019 trafen sich die Kultusminister aller 16 deutschen Bundesländer, um die amtliche Haltung in der Kolonialfrage zu erörtern. Die Grünen wollten den Kolonialismus offiziell als »Verbrechen gegen die Menschlichkeit« designiert (eine ironische Forderung

314 Uwe Klußmann und Dietmar Pieper, »Konzept des rassistischen Terrors: Ist die koloniale Vergangenheit wirklich vergangen? Ein Interview mit dem Historiker Jürgen Zimmerer«, *Der Spiegel*, 6. März 2016.

für eine Partei, die offen den Sozialismus fordert) und direkt mit dem Holocaust in einen Topf geworfen sehen (was eine Flut an Förderungen und Ansprüchen nach sich ziehen würde). Alle anderen Parteien außer der AfD wollen die Koloniala̋ra als negative oder schändliche Episode der deutschen Geschichte eingestuft wissen.

Die Linke will die »Rückgabe« aller kulturellen Artefakte, darunter die Säule des Kreuzkaps, die 1486 von Portugal errichtet wurde. Laut der Aktivistengruppe *Colonial Reparation* sind solche Rückgabe-Aktionen Teil einer Kampagne, um »den Kolonialismus zu verurteilen, als Verbrechen anzuerkennen, mit dieser Vergangenheit umzugehen, sowie die kolonisierten Länder zu kompensieren und um Entschuldigung zu bitten.«

Die »Rückgabe« von Museumsstücken und -sammlungen ist in vielfacher Hinsicht ein Skandal. Der Berliner Kunsthistoriker Horst Bredekamp spricht laut Gunnar Schupelius in der Berliner Tageszeitung B. Z. von einem »grotesk einfältigen Geschichtsbild«, das in der Rückgabebewegung grassiert und »sich der Vielfalt und den Widersprüchen der Geschichte verweigert«. Eine »Deutungsrigorosität« sei aufgekommen, »die alles Widerstrebende gedanklich aus der Welt zu schaffen versucht«.[315]

Bis zu den 2020er Jahren wurde die Antikolonial-Lobby in Deutschland zu einem unverhohlenen Erpressungsring. In *Colonial Repercussions: The Case of Namibia* schreibt das »European Center for Constitutional and Human Rights« (ECCHR), dass »weder die ehemaligen

315 Gunnar Schupelius, »Die Betrachtung der Kolonialzeit ist einseitig und nicht mehr frei«, *B.Z.*, 17. Januar 2020.

Kolonialmächte wie Großbritannien, Frankreich und Deutschland, noch die Erben der privatwirtschaftlichen Firmen die Verbrechen des europäischen Kolonialismus gebührend zur Kenntnis genommen, sich entschuldigt oder Entschädigung geleistet haben.«[316] Es grenzt ans Komödiantische, wenn die *Berliner Zeitung*[317] einen Bericht über die »Nachfahren von Opfern des Genozids« bringt, welche Bargeld vom Steuerzahler fordern, obwohl die meisten Demonstranten unter dem Banner »Der Völkermord wird nicht vergessen« weiße Deutsche sind.

Beim Panel der Berliner Akademie der Künste »Deutsche Kolonialverbrechen gegen die Herero und Nama« 2018, ebenfalls vom ECCHR mitgetragen, nannte der ehemalige Stellvertretende Minister für Landreform in Namibia, Bernadus Swartbooi, Deutschland »Satan« und »den Teufel«.

Ein weiterer Namibier, der diese Erpressungsversuche von US-Gerichten unterstützte, sagte: »Ich gehöre zur Opfergemeinde« und dass die Armut Namibias »ein Resultat der Jahre 1904 bis 1908« sei.[318] In anderen Worten, die Namibier haben seit 100 Jahren keinen Einfluss auf oder irgendeine Verantwortung für ihr eigenes Schicksal! Sie sind wie Kellerkinder, die niemals von zu Hause ausgezogen sind. Die deutschen, weißen Linken wollen die Herero und Nama weiterhin auf der linken Plantage der Kolonialverbrechen halten, statt sie wie gleichberechtigte Erwachsene zu behandeln.

316 https://www.ecchr.eu/en/publication/colonial-repercussions-namibia/.

317 https://www.berliner-zeitung.de/kultur-vergnuegen/entschaedigungen-fuer-den-voelkermord-li.2411.

318 https://www.youtube.com/watch?v=ynyiqkdORx8.

Man könnte ja auch von Namibia verlangen, seine Rolle im Großen Afrikanischen Weltkrieg zu erklären, der 1994 mit dem Völkermord in Ruanda und dem Kongo begann. Der Präsident Sam Nujoma schickte 1998 namibische Soldaten in die Demokratische Republik Kongo. Sechs Millionen Menschen starben bei diesem Krieg zwischen zehn afrikanischen Ländern. Wo sind die Demonstranten in den Straßen von Windhoek, die Gerechtigkeit und Wiedergutmachung für die Opfer namibischer Kriegsverbrechen von vor zehn Jahren fordern? Die sind wohl alle in Berlin und demonstrieren gegen General von Trotha und seine Kriegsverbrechen von vor 100 Jahren. Schließlich hat Berlin Geld, Windhoek nicht. Anti-Kolonialaktivisten wissen genau, wo es etwas zu holen gibt.

Ein offizielles Regierungsdokument vom April 2019 verspricht, dass Deutschland die »Aufarbeitung der Vergangenheit« fortsetzen wird. Es wird damit suggeriert, dass es irgendwelche unaussprechlichen kolonialen Gräuel gibt, die dem Holocaust in nichts nachstehen sollen, und für die Deutschland Abbitte leisten muss. Die große Koalition schrieb sich 2018 die »Aufarbeitung des Kolonialismus« in den Koalitionsvertrag, das erste Mal übrigens, dass eine Unionsregierung die deutsche Kolonialzeit als Problem erkannt hatte, dass es »aufzuarbeiten« gelte.[319]

Die einzige »Aufarbeitung«, die im Kontext des antikolonialen Schuldkults im Gegenwartsdeutschland er-

319 »Ein neuer Aufbruch für Europa - Eine neue Dynamik für Deutschland - Ein neuer Zusammenhalt für unser Land«, Koalitionsvertrag zwischen CDU, CSU und SPD – 19. Legislaturperiode.

laubt ist, ist die Perfektionierung der Internalisierung des Narrativs der deutschen Kolonialverbrechen, punktiert von gelegentlichen Skandalen, wenn ein lebensmüder deutscher Akademiker es wagt, etwas zu publizieren, was die deutsche Kolonialzeit nicht als das reine Böse begreift.

Eine frühe Abweichlerin von dieser Lesart war die Deutsch-Namibierin Brigitte Lau, die darauf hinwies, dass die deutschen Akademiker, die sich in ihren Schuldzuweisungen schier übermenschliche Kräfte zuweisen, die Geschicke anderer Völker zu bestimmen, selbst kaum noch von Rassisten zu unterscheiden wären, die glauben, dunkelhäutige Völker seien nicht in der Lage, für ihr eigenes Schicksal Verantwortung zu übernehmen.[320] So waren es unkonventionelle Forscher wie Lau und Hinrich Schneider-Waterberg[321], die versuchten, mit pro-kolonialen Argumenten den Diskurs wieder »in die Mitte zu rücken«.

Ihre Bemühungen stießen im akademischen Betrieb auf wenig Gegenliebe. Brigitte Laus Nachfolger als Leiter des Nationalarchivs von Namibia in Windhoek, Werner Hillebrecht, der sich selbst als Maoist bezeichnet, fragte in Bezug auf Lau: »Wie konnte sich eine Historikerin und Archivarin mit fortschrittlichen Ansichten und einem Ruf für akribische, wegweisende Forschung erlauben, so ein hanebüchenes, voreingenommenes und unwissenschaftliches Machwerk zu publizieren, das sie zur Kronzeugin eines Gruselkabinetts aus unreformierten Kolonialisten und Neo-Nazis qualifiziert?«

320 Brigitte Lau, *History and Historiography* (1995).

321 Hinrich Schneider-Waterberg, *Der Wahrheit eine Gasse: Anmerkungen zum Kolonialkrieg in Deutsch-Südwestafrika, 1904* (2011).

Die Drohung des antikolonialen Kults des deutschen akademischen Betriebs ist klar: Wer es wagt, »die grundlegende Tatsache zu leugnen, dass alle deutschen Errungenschaften auf einer grundlegenden Ungerechtigkeit gegenüber der eingeborenen Bevölkerung basierten«[322], wird mit Holocaustleugnern und Neo-Nazis in einen Topf geworfen. Soviel zum heutigen Erbe der großen Tradition der deutschen Geisteswissenschaften.

Wie der Sozialwissenschaftler am Linden-Museum Heiko Wegmann schrieb: »Die Frage sei außerdem, wie die Gesellschaft damit umgehe, wenn aus den ehemaligen deutschen Kolonien, wie zum Beispiel Namibia, Forderungen nach Aufarbeitungen ertönen würden. In Deutschland ist das Bewusstsein für die Taten unserer, auch regionaler Vorfahren, im Kolonialismus dagegen wenig vorhanden.«[323] Er hätte auch sagen können, solche »Forderungen nach Aufarbeitung« sind *a priori* gerechtfertigt und zutreffend. Die einzig relevante Frage scheint daher zu sein, *wie hoch* die Reparationen sein sollen, die die Deutschen zu zahlen haben.

Die Debatte über den deutschen Kolonialismus existiert nicht in einem akademischen Vakuum, sondern hat direkten praktischen Bezug zu einer Reihe drängender politischer Fragen. Deshalb geht es dabei um mehr als nur eine abstrakte akademische Debatte. Es steht viel mehr auf dem Spiel, da verzerrte Geschichtsbilder

322 Werner Hillebrecht, »›Certain Uncertainties‹ or Venturing Progressively into Colonial Apologetics?« *Journal of Namibian Studies* (2007), S. 90f.

323 https://www.stuttgarter-zeitung.de/inhalt.kolonialismus-in-stuttgart-antrag-im-gemeinderat-sieht-intensive-aufarbeitung-vor.267b1440-a32d-40ba-b4a6-aedcd5d8be31.html.

instrumentalisiert werden, um eine Reihe radikaler politischer Forderungen zu Themen wie Migration, Entwicklungshilfe, Handelspolitik, Klimawandel, Verteidigung, globaler Gesundheitspolitik, Bildungspolitik, politischen Systemfragen und der Globalisierung zu untermauern.

Dies ist der Grund, aus dem eine wahrheitsgemäße, nüchterne und wissenschaftliche Betrachtung des deutschen Kolonialismus so wichtig wie nie ist. Wenn die Deutschen nicht beginnen, die Verleumdungen und Verzerrungen ihrer großartigen kolonialen Errungenschaften zu hinterfragen, werden sie noch Jahrzehnte dafür zu büßen haben.

Bruce Gilley (*1966) ist Professor der Politikwissenschaft an der Portland State University. Er studierte und promovierte in Princeton und Oxford. Sein Kerngebiet ist die Vergleichende Politikwissenschaft betreffs Asien und Afrika. In den letzten fünf Jahren, da Hongkong dem britischen Königreich unterstand, arbeitete er dort als Journalist und begann sich für den Kolonialismus zu interessieren. Sein Artikel »The Case for Colonialism« von 2017 bescherte der akademischen Linken in den USA einen Nervenzusammenbruch. Zu den zahlreichen Büchern, die Bruce Gilley bislang veröffentlicht hat, zählen *Model Rebels: The Rise and Fall of China's Richest Village* (2001) sowie *The Last Imperialist: Sir Alan Burns' Epic Defense of the British Empire* (2020).

Edition Sonderwege

Lüdinghausen 2021
4., verbesserte Auflage

Lektorat: Marc Dassen
Die Abbildungen auf dem Umschlag stammen aus dem Buch *Die deutschen Kolonien*, einem luxuriös und liebevoll aufgemachten Sammelalbum für Zigarettenbildchen von 1936, entfernt vergleichbar mit den heutigen Panini-Abziehbildern für Fußball-Weltmeisterschaften.

ISBN 978-3-948075-93-4
www.manuscriptum.de